हिन्दी शब्द मीमांसा

मैत्रेय पब्लिकेशन
21-ए, दरियागंज
नयी दिल्ली-110002

हिन्दी शब्द मीमांसा

लेखक

आचार्य किशोरीदास वाजपेयी

ISBN 81-88468-37-1

मैत्रेय पब्लिकेशन
21-ए, दरियागंज, नयी दिल्ली-110002
द्वारा प्रकाशित

संस्करण : 2006

मूल्य : 120.00 रुपये

शुभम ऑफसेट, दिल्ली-110032
द्वारा मुद्रित

HINDI SHABD MIMANSA
by Aacharya Kishoridas Vajpai

निर्देशिका

प्रथम अध्याय

हिन्दी की प्रकृति

हिन्दी संसार की भाषाओं में एक विशिष्ट स्थान इसलिए रखती है कि इसका गठन एक सुनिश्चित वैज्ञानिक पद्धति पर हुआ है—इस तरह इसका विकास हुआ है, जैसे खूब सोच-विचार कर शब्द किसी ने गढ़े हों! भ्रम और सन्देह को गुंजाइश नहीं। तर्क-पूर्ण पद्धति है। संस्कृत में 'योग' शब्द कई अर्थों में चलता है और यह शब्द अपने उसी रूप में (तद्रूप 'योग') हिन्दी में भी उन्हीं अर्थों में चलता है। यह एक कायदे की बात है। कहीं से माँगी हुई चीज को उसी रूप में बरतना ठीक है। उसमें परिवर्तन ठीक नहीं। परन्तु इसी 'योग' शब्द को हिन्दी जब आत्मसात् करके तद्‌भव रूप दे देती है, तो एक वैज्ञानिक पद्धति पर विषय-विभाजन दिखाई देता है और तदनुकूल शब्द में भी हेर-फेर हो जाता है। कहना चाहिए, विषय के अनुसार, अर्थ के अनुसार, शब्द में परिवर्तन। एक अर्थ में 'योग' का तद्‌भव रूप 'जोग' हुआ, तो दूसरे अर्थ में 'जोड़'। 'पत्र' का विकास एक अर्थ में 'पत्ता' हुआ। इसी का स्त्रीलिंग-रूप 'पत्ती'। चिट्‌ठी को न 'पत्ता' कहा जाएगा, न 'पत्ती'। कारण, साधारण जनों में वृक्षपत्रों को 'पत्ता' कहा गया और उसी का स्त्रीलिंग रूप 'पत्ती'। जो चिट्‌ठी-पत्री पढ़ना-लिखना जानते थे, वे 'पत्र' शब्द इस अर्थ में चलाते रहे और 'पत्ता' उस अर्थ में बोलने लगे। 'पत्र' शब्द अनेक अर्थों में चलता रहा—चलता है; पर 'पत्ता' व्यवस्थित है। 'चिट्‌ठी-पत्री' के 'पत्री' का विकास 'पाती' के रूप में हुआ—'आई न पिय की पाती'। 'पत्ती' इस अर्थ में नहीं चला, नहीं चलाया गया; क्योंकि वह 'पत्ता' का स्त्रीलिंग-रूप है। 'प्रिय' का विकास 'पिय' हुआ; पर 'प्रिया' का 'पिया' नहीं हुआ। क्यों नहीं हुआ? इसलिए कि 'प्रिय' का 'पिय' बन जाने पर हिन्दी की 'अपनी' पुंविभक्ति लगकर 'पिया' रूप भी बनता-चलता है—'पिया गए परदेस'। 'प्रिय' भी 'पिया' और 'प्रिया' भी 'पिया'; यह गड़बड़ी हिन्दी को पसन्द नहीं। हाँ, 'सीता' का 'सिया' रूप हिन्दी ने स्वीकार कर लिया; क्योंकि यहाँ

कोई वैसी बात नहीं। इसी का रूप 'सीय' है। 'सीय' हिन्दी की सुनिश्चित वैज्ञानिक पद्धति पर है। हिन्दी 'अपने' तथा तद्भव शब्दों के पुंरूप में खड़ी पाई (ा) आगे लगा देती है, यदि शब्द मूलतः अकारान्त हुआ; जैसे—दण्ड-डंडा, मथित-मट्ठा आदि। इसीलिए इसका नाम 'खड़ी बोली'। आता, आया, आएगा, खट्टा-मीठा आदि में यही है। जब 'आ' पुल्लिग एकवचन का लिंग (चिह्न) बन गया, जिसे हिन्दी 'अपने' तथा तद्भव शब्दों में लगती है तो स्वभावतः वह 'अपने' तथा तद्भव स्त्रीलिंग शब्दों को आकारान्त न रखेगी। इसीलिए द्राक्षा>दाख, खट्टा>खाट, शिक्षा>सीख, भिक्षा>भीख आदि तद्भव स्त्रीलिंग शब्द अकारान्त आप देखते हैं। इसी पद्धति पर सीता>सिया>सिय समझिए। 'सीता' का 'सिया' रूप उ.प्र. के पूरबी अंचल में हुआ, जहाँ 'खड़ी पाई' की वैसी स्थिति नहीं, जो 'खड़ी बोली' का क्षेत्र नहीं। वहाँ 'मीठा पानी' नहीं, 'मीठ पानी' चलता है; 'जाता है' की जगह 'जात है', चलता है। इसलिए 'सीता' का 'सिया' रूप और 'वृद्धा' को 'बूढ़ा' भी बोलते हैं। परन्तु 'खड़ी बोली' के क्षेत्र में 'बूढ़ा' पुल्लिग है—वृद्ध>बूढ़>बूढ़ा। 'बूढ़' में पुंविभक्ति लगाकर 'बूढ़ा'। 'बूढ़ा' को और अधिक साफ करने के लिए—'बुड्ढा'-'बुड्ढी'। 'बूढ़ा' जहाँ (पूरब में) स्त्रीलिंग बोलते हैं, वहाँ स्पष्टता के लिए 'इया' स्वार्थिक प्रत्यय करके 'बुढ़िया' कर देते हैं। यह 'बुढ़िया' शब्द राष्ट्रभाषा में भी गृहीत है; स्पष्ट है। परन्तु 'बूढ़ा' जा रही हैं, न बोला जाएगा। 'बूढ़ा' शब्द भ्रम पैदा कर सकता है। भ्रम न भी हो, तो किसी स्त्री का बहुत लम्बा कद अच्छा न लगेगा। तद्रूप संस्कृत शब्द 'वृद्ध'-'वृद्धा' चलते ही हैं। पर जहाँ तद्भव रूप मिला कि हिन्दी का अनुशासन हुआ संस्कृत में पुल्लिग ह्रस्व, स्त्रीलिंग दीर्घ 'राम'-'रामा'। हिन्दी ने परिवर्तन किया—पुल्लिग दीर्घ और स्त्रीलिंग ह्रस्व।

यह सब कुछ स्पष्टता के लिए। 'पिता' का प्राकृत-रूप 'पिदा' होता है, और 'पिया' भी। 'पिदा' तो हिन्दी ने इसलिए पसन्द न किया कि बोलने में वह भद्दा लगता है और 'पिआ' इसलिए न लिया कि स्वाभाविक प्रवृत्ति के अनुसार 'इ' को 'इय्' होकर 'पिया' रूप बन जाता और भ्रामक होता। कारण, 'प्रिय' का 'पिय'>'पिया' रूप पहले बन चुका था। तो, पति को भी 'पिया' और पिता को भी 'पिया' कहना कितना भद्दा उद्वेजक होता! इसलिए 'पिआ' प्राकृत-रूप 'पिता' का हिन्दी ने ग्रहण नहीं किया—तद्रूप संस्कृत 'पिता' ही स्वीकार किया। यहीं हिन्दी का विवेक स्पष्ट देखा जाता है। 'सूची' का प्राकृत-रूप 'सूई' और 'सुई' हिन्दी ने लिया और फिर इसका पुंरूप 'सुआ' भी बनाया। एक दूसरे छोर पर संस्कृत 'शुक' का प्राकृत रूप 'सुअ' लेकर, उसमें अपनी पुंविभक्ति लगाकर 'सुआ' भी बना चला, चल रहा है। यानी एक 'सुआ' 'सूई' से बना और दूसरा 'शुका' से बना। सो, 'सुआ' तो हिन्दी ने लिया; पर प्राकृत का (पिता>) 'पिआ' नहीं लिया। ऐसा जान पड़ता है, जैसे कोई विवेकशील शब्दों को गढ़ रहा हो!

प्राकृत का 'पिआ' न लेकर 'पिता' संस्कृत का तद्रूप शब्द ग्रहण किया; पर यौगिक स्थल में 'पीहर' दिखाई देता है। 'पितृगृह' का 'पीहर' है। 'पितृगृह' संस्कृत में यमलोक को भी कहते हैं। 'बहू पितृगृह जा रही है' कहने में अमंगल की छाया दिखाई देती है। इसलिए 'पीहर' कर लिया। 'बहू पीहर जा रही है' ससुराल में ही कहा जाएगा; इसलिए कोई भ्रम भी नहीं। 'पिय-घर' या 'पी-घर' की कल्पना भी नहीं हो सकती। वह तो उसका 'अपना' घर है। उसे 'प्रियगृह' कौन कहेगा? 'प्रियगृह' से तो ऐसा जान पड़ता है कि उसमें उसका कुछ है ही नहीं! सो, 'पीहर' से 'प्रियगृह' समझने की बेवकूफी कोई न करेगा। 'पीहर' कहने में आत्मीयता भी ह, स्वत्व की भी व्यंजना है। विवाहित लड़की का घर तो दूसरा हो जाता है; पर अपने बाप का घर छूट थोड़े ही जाता है। बाप का घर अपना घर। यह चीज मेरी है, मेरे बाप की है। यही चीज 'पीहर' में है। 'पीहर' की जगह 'मायका' भी कहीं-कहीं चलता है। मातृ>माई, जैसे भ्रातृ>भाई। 'माईका'>'मायका'। यहाँ 'क' तद्धित प्रत्यय है। माई का घर—'मायका'। साधारण 'क' प्रत्यय यह नहीं है। 'मायके गई' 'पीहर गई'। पूरब में 'नैहर' कहते हैं। अवधी में 'नैहर' ही चलता है। व्रज में 'पीहर' और खड़ी बोली के क्षेत्र में 'मायका'। राष्ट्रभाषा में तीनों शब्द गृहीत हैं। परन्तु 'नैहर' में वह जोर नहीं, जो 'पीहर' में है। 'नैहर'<'ज्ञातिगृह'। बन्धु-बान्धवों को 'ज्ञाति' कहते हैं, जिनमें मा-बाप भी शामिल हैं; पर प्रमुख नहीं। 'पीहर' 'मायका' में बाप और मा को प्रधानता है, बन्धु-बान्धव तो साथ ही हैं।

प्रासंगिक चर्चा बढ़ी जा रही है। कहना केवल यह कि हिन्दी का विकास सुनिश्चित वैज्ञानिक पद्धति पर हुआ है, जिसमें विवेक का पूर्ण सहयोग है।

हिन्दी के विकास में सरलता का पूरा ध्यान रहा है। संस्कृत में तिङन्त और कृदन्त रूप से द्विधा क्रियाएँ चलती हैं। परन्तु तिङन्त का मार्ग बहुत बीहड़ और उलझन का है, कृदन्त अत्यन्त सरल। 'कृ' धातु ही ले लीजिए। भूतकाल में—

त्वम् **अकरोः**—तू ने **किया**
यूयम् **अकुरुत**— तुम ने **किया**
अहम् **अकरवम्**—मैंने **किया**
वयम् **अकरवाम**—हमने **किया**

विभिन्न पुरुष-वचनों में कितने रूप संस्कृत तिङन्त के हैं? परन्तु हिन्दी में सर्वत्र एक रूप 'किया'। कितनी सरलता है? हिन्दी ने यह सरलता कहाँ से ली? उसी संस्कृत से। संस्कृत के कृदन्त रूप बहुत सरल हैं। उन्हीं का अनुसरण हिन्दी ने किया है—

रामेण **कृतम्**—राम ने **किया**
बालकैः **कृतम्**—बालकों ने **किया**
त्वया **कृतम्**—तूने **किया**

युष्माभिः कृतम्—तुम ने किया
मया कृतम्—मैं ने किया
अस्माभिः कृतम्—हम ने किया

सर्वत्र एक 'कृत' है, और उसी की प्रतिच्छाया हिन्दी में 'किय'>'किया'। हिन्दी ने संस्कृत की यों सरल कृदन्त पद्धति ग्रहण की; पर उसे और अधिक सरल कर दिया, सर्वत्र 'ने' का प्रयोग करके। यह 'ने' संस्कृत के 'बालकेन' का 'इन' अलग करके वर्ण-व्यत्यय से 'न' + इ = 'ने' रूप है। भूतकाल की कर्मवाच्य तथा भाववाच्य क्रिया के सभी कर्ता-कारक इस 'ने' विभक्ति के ही साथ रहते हैं; जब कि संस्कृत में स्त्रीलिंग-पुल्लिंग या पुरुष-भेद से न जाने कितने रूप-भेद होते हैं! ये सब व्याकरण की बातें हैं; वहीं देखने की हैं। यहाँ प्रसंग-वश इतना उल्लेख कि हिन्दी कितनी सरल भाषा है।

एक निश्चित पद्धति

क्रियाओं की जटिलता तो हिन्दी ने दूर कर ही दी; पर पदों के मूल रूप (प्रातिपदिक, धातु, उपसर्ग, अव्यय) लेने में भी सरलतम पद्धति अपनाई है। हिन्दी के 'अपने' सभी शब्द स्वरान्त हैं, एक भी व्यंजनान्त नहीं। संस्कृत के भी जो शब्द तद्‌भव रूप में ग्रहण किए गए हैं, सब स्वरान्त, एक भी व्यंजनान्त नहीं। सभी तरह के शब्दों में यही नीति है। 'पंचाशत्' का रूप 'पचास' है और 'चत्वारिंशत्' का 'चालीस'। 'षष्' का ('सस' करके) 'छह' रूप है, जिसे उच्चारण साम्य के कारण 'छः' प्रामादिक रूप लोगों ने दे दिया है। इस पर आगे हम यथास्थान विचार करेंगे।

यानी, शब्दों के अन्त में विसर्ग रहने के कारण बहुत झंझट थी! सन्धि-चक्कर मार लेता है। इसी तरह व्यंजनान्त शब्दों में झंझट है। इन दोनों झंझटों को हिन्दी ने दूर रखा, जैसा कि प्राकृत-अपभ्रंश में भी है। प्राकृत में तो 'पुत्रः' को 'पुत्तो' कर दिया गया; पर हिन्दी में सीधा 'पूत'। 'पुंत्र' भी चलता ही है।

तद्‌भव शब्दों में ही नहीं, तद्रूप (तत्सम) शब्द संस्कृत के जो हिन्दी में आते हैं, वे भी हिन्दी की प्रकृति का पूरा ध्यान रखकर ही इधर मुँह करते हैं। वे अपने अन्त के व्यंजन तथा विसर्ग वहीं छोड़ आते हैं। हिन्दी ने एक पद्धति अपनाई कि संस्कृत के प्रातिपदिक न लेकर 'पद' ग्रहण किए जाएँ। पद-वन्दना का उत्तम भाव। यह इसलिए कि संस्कृत के प्रातिपदकों को ही यहाँ प्रातिपदिक के रूप में ग्रहण करना एक झंझट थी। हिन्दी ऋकारान्त प्रातिपदिक नहीं चाहती। ऋकारान्त की यहाँ कोई स्थिति नहीं है। परन्तु संस्कृत में 'पितृ' 'मातृ' 'भ्रातृ' आदि ऋकारान्त प्रातिपदिक हैं। इन्हीं में विभक्तियाँ लगाकर 'पद' बनाए जाते हैं। परन्तु हिन्दी ऋकारान्त प्रातिपदिक पसन्द नहीं करती; क्यों नहीं करती; यह बात अन्यत्र विस्तार से बताई गई है। यहाँ इतना ही समझिए कि हिन्दी को ऋकारान्त प्रातिपदिक ग्राह्य

नहीं। 'पितृ ने' 'मातृ को' 'भ्रातृ से' जैसे पद हिन्दी नहीं चाहती। इस लिए, ऐसे शब्दों के संस्कृत (प्रथमा एकवचन) में जो रूप बनते हैं, उन्हें–उन संस्कृत 'पदों' को–हिन्दी ने अपने यहाँ 'प्रातिपदिक' बनाया। संस्कृत में 'पितृ' 'प्रातिपदिक' और हिन्दी में (संस्कृत का 'पद') 'पिता' प्रातिपदिक। 'पिता ने माता जी से कह दिया है।'

संस्कृत को व्यंजनान्त प्रातिपदिक पसन्द नहीं, इसलिए संस्कृत प्रातिपदिक 'राजन्' का पद-रूप 'राजा' लेकर अपना प्रातिपदिक बनाया–'राजा ने'।

परन्तु 'चन्द्रमस्' प्रातिपदिक का संस्कृत में 'चन्द्रमाः' रूप होता है, प्रथमा के एकवचन में। 'चन्द्रमस्' संस्कृत-प्रातिपदिक स्वीकार नहीं, क्योंकि अन्त में व्यंजन 'स्' है। परन्तु पद में विसर्ग हैं, 'चन्द्रमाः'। क्या किया जाए! प्रथमा-एकवचन के इस रूप से विसर्ग हिन्दी ने छाँट दिए और 'चन्द्रमा' को अपना प्रातिपदिक बनाया। नभस्, पयस्, यशस् जैसे व्यंजनान्त शब्द पसन्द नहीं और प्रथमा-एकवचन में विसर्ग हैं–नभः, पयः, यशः। इनके विसर्ग छाँट दिए और 'अपने' प्रातिपदिक–नभ, पय, यश। आप कह सकते हैं कि प्रातिपदकों के ही अन्त्य व्यंजन (स्) को उड़ाकर 'नभ' जैसे प्रातिपदिक सम्भव हैं, तब 'नभः' आदि तक जाने की क्या जरूरत! ऐसा ही सही। 'स्' को हटा कर ही 'नभ' आदि सही। बात तो केवल उतनी कि अन्त में व्यंजन या विसर्ग न चाहिए। परन्तु हम ने जो 'नभः' आदि पदों के विसर्ग हटाकर 'नभ' जैसे प्रातिपदिकों का निर्माण बताया, उसमें 'राजा' 'पिता' 'शर्मा' 'वर्मा' 'चन्द्रमा' आदि के लिए स्वीकृत पद्धति का ध्यान है। एक नियम बना लिया–प्रथमा एकवचन का रूप, हिन्दी का प्रातिपदिक। यदि 'नभस्' आदि प्रातिपदिकों के 'स्' को हटाकर 'नभ' आदि प्रातिपदिक माने जाएँ, तो संस्कृत प्रातिपदिक 'चन्द्रमस्' भी इसी श्रेणी में आएगा और हिन्दी में 'चन्द्रम' प्रातिपदिक है नहीं, 'चन्द्रमा' है। तब 'नभस्' आदि के भी 'नभः' आदि पद ही विसर्ग-रहित हो कर हिन्दी के 'नभ' जैसे प्रातिपदिक बने, यह कहना अधिक युक्तियुक्त है।

खैर, कुछ भी हो; हिन्दी में ऋकारान्त, विसर्गान्त तथा व्यंजनान्त प्रातिपदिक नहीं हैं, न धातु ही वैसे हैं। सब स्वरान्त। बड़ी सुविधा-सरलता है। संस्कृत के 'प्रायः' आदि अव्यय राष्ट्रभाषा में चलते हैं–तद्रूप-तत्सम। हम 'अपने' या तद्भव शब्दों का जिक्र ऊपर कर रहे थे। संस्कृत 'समस्त' शब्द 'मनः स्थिति' आदि भी हिन्दी में तद्रूप चलते हैं; पर 'मनः' प्रातिपदिक न चलेगा। 'मन को समझाओ' की जगह 'मनः को (या मानस को) समझाओ' न होगा। जो बात प्रातिपदिकों के सम्बन्ध में है, वही धातुओं के सम्बन्ध में भी। सब स्वरान्त।

इसी तरह हिन्दी ने अत्यधिक समास का बखेड़ा नहीं रखा है। 'सिरपेंच' जैसे दो शब्दों के ही समास देखे जाते हैं, अधिक के नहीं। **'व्रजनवतरुनितमालमुकटमनि** राधा आजु बनी' जैसी जगह संस्कृत 'समस्त' पद की तद्भवता समझनी चाहिए।

सो भी पद्य में। बोलचाल में दो शब्दों से ज्यादा का बन्धन एक जगह प्रायः न मिलेगा।

यही स्थिति सन्धि के सम्बन्ध में है। सन्धि करने-कराने की झंझट भी यहाँ वैसी नहीं। हिन्दी के अब + ही = 'अभी' और इस + ही = 'इसी' आदि सन्धि-युक्त पद ऐसे प्रचलित हैं कि सन्धि की ओर ध्यान ही नहीं जाता। सन् 1942 से पहले हिन्दी के व्याकरणों में भी इस तरह के सन्धि-प्रयोगों की चर्चा न थी। मैंने व्रजभाषा-व्याकरण में इसकी चर्चा की, तब से लोग लिखने लगे। कहने का मतलब यह कि हिन्दी के जो शब्द सन्धि कर के स्वतः वैसे बन गए हैं, उनके अतिरिक्त अन्यत्र सन्धि-बन्धन नहीं। इसीलिए यहाँ 'सुअवसर' जैसे शब्द चलते हैं। 'प्रत्युत्तर' जैसे शब्द संस्कृत से बने-बनाए आए हैं और उसी रूप में चलते हैं। सो, हिन्दी स्वतः बहुत सरल भाषा है। इसका यह सरल रूप मेरे व्याकरण से अच्छी तरह स्पष्ट हो गया है। यहाँ अधिक चर्चा न करके हम शब्द-रूपों पर और प्रयोगों पर आगे विचार करेंगे।

द्वितीय अध्याय

हिन्दी के अपने शब्द

हिन्दी के जो मूल शब्द प्राकृत-अपभ्रंश की परम्परा से ऐसे आए हैं, जिनका अता-पता संस्कृत साहित्य में नहीं मिलता और जिनके मूल रूप वैदिक साहित्य में भी नहीं मिलते, वे उस मूल भाषा से (विभिन्न प्राकृतों में होते हुए) आए हैं, जिसकी एक शाखा वैदिक संस्कृत है। लोकभाषा के बहुत से शब्द साहित्यिक भाषा में नहीं गृहीत होते। परन्तु जनता में वे बराबर चलते रहते हैं। साहित्यिक-प्राकृत में भी बहुत से जनता-गृहीत शब्द नहीं आ पाए हैं; परन्तु बोलचाल के प्रवाह में लुढ़कते-पुढ़कते हिन्दी तक पहुँचे हैं। ऐसे ही परम्परा-प्राप्त शब्द हिन्दी के 'अपने' हैं, और संस्कृत शब्दों में जिनका अता-पता मिलता है, वे 'तद्भव' कहलाते हैं—जैसे पत्र>'पत्ता' और पृष्ठ>'पीठ' आदि। संस्कृत 'पत्र' से 'पत्ता' बना, कहा जाता है। पर यह भी सम्भव है कि मूल भाषा में कोई ऐसा शब्द हो, जो (तद्रूप) संस्कृत साहित्य में नहीं लिया गया और जिसका रूपान्तर ही 'पत्र' शब्द हो, और उसी (मूल) शब्द से हिन्दी का 'पत्ता' बना हो। जो भी हो, संस्कृत में जिन शब्दों के मिलते-जुलते रूप उपलब्ध हैं, वे सब यहाँ 'तद्भव' कहे जाते हैं। इस अधिकरण में हम हिन्दी के इन्हीं 'अपने' शब्दों पर विचार करेंगे।

1. 'विद्याएँ'-'विद्यायें'

इस तरह आकारान्त स्त्रीलिंग शब्दों के बहुवचन रूप द्विधा चल रहे हैं। हमें सोचकर निर्णय करना है कि ये दोनों शब्द शुद्ध हैं, या इनमें से कोई एक शुद्ध और दूसरा अशुद्ध है। हिन्दी की प्रकृति ऐसी है कि एक ही अर्थ में कोई द्विरूप शब्द सम्भव नहीं। हाँ, किसी वर्ण का लोप होकर कहीं द्विरूपता आ जाए, विकल्पतः दो रूप शुद्ध माने जाएँ, यह दूसरी बात है। आगे 'गयी'-'गई' विचार करते समय यह बात स्पष्ट की जाएगी कि ये दोनों रूप ('गयी'-'गई' और 'गये'-'गए') वैकल्पिक हैं।

दोनों शुद्ध हैं। अब यह जन-प्रवृत्ति पर अवलम्बित है कि वह दोनों को रखे, या उनमें से किसी एक को रखकर दूसरे को छोड़ दे।

परन्तु 'लताएँ'-'लतायें' जैसे शब्दों पर विचार करने पर जान पड़ता है कि यहाँ 'लतायें' जैसे रूप एकदम गलत हैं, जो अविचारित रूप से चल रहे हैं। भाषा की प्रकृति-प्रवृत्ति और व्याकरण से निर्णय करना है। हिन्दी की प्रकृति यथाश्रुत लिखने की है। 'लतायें' में जो 'य्' आ कूदा है, उसकी कोई स्थिति नहीं। भारत में जैसे विदेशी शासक आ कूदे थे, उसी तरह ऐसे शब्दों में 'य्' आ गया है। इसे निकाल देने से शब्द शुद्ध हो जाएगा। 'य्' ने जबरदस्ती की है, किसी के घर में आ जमने की। वह दबा हुआ है। उसकी कोई आवाज नहीं। बालकों को श्रुतलेख लिखाते समय ऐसा कोई वाक्य बोलिए, जिसमें 'लताएँ' 'विद्याएँ' जैसा कोई शब्द आए और आप फिर इस 'एँ' को 'यें' कर के बोलिए। खूब सावधानी से बोलिए कि बालक यहाँ 'य्' सुन-समझ लें। पर इतना करने पर भी आप देखेंगे कि बालकों ने 'लताएँ'-'विद्याएँ' जैसे रूप ही लिखे हैं। यानी ये प्रकृत रूप हैं। अब आप उनके 'लताएँ'-'विद्याएँ' आदि काटकर 'लतायें'-'विद्यायें' लिख दें और बता दें कि 'लताएँ' जैसे रूप गलत हैं, तब बेचारे 'लतायें' लिखने लगेंगे! यों भाषा विकृत होती है। रोग उतने न फैलें-बढ़ें, यदि 'नीम हकीम' बीच में न आ कूदें। भाषा अपने प्रवाह में चलती है। जो बोला जाता है, वही लिखा जाता है, यह हिन्दी की सामान्य पद्धति है। ऐसे शब्दों में—'लताएँ' आदि पदों में—'एँ' विभक्ति है, जो आकारान्त तथा अकारान्त स्त्रीलिंग शब्दों के बहुवचन में लगती है। जब अकारान्त स्त्रीलिंग शब्द में 'एँ' लगती है, तब प्रकृति के अन्त्य 'अ' का लोप हो जाता है और व्यंजन आगे 'एँ' में जा मिलता है—टिकटें, चिटें, रेलें, पुस्तकें आदि। यानी 'अपने' और विदेशी भाषाओं से आए हुए तथा संस्कृत तत्सम, सभी अकारान्त स्त्रीलिंग शब्दों के लिए हिन्दी में यह सामान्य पद्धति है। इस पद्धति का अनुसरण करने में कभी-कभी लोग गलती कर जाते हैं, जब व्याकरण का अति ध्यान रखते हैं! हिन्दी में बोला जाता है—'इन्द्रियाँ जिसके बस में नहीं रहतीं, वह भी कोई मनुष्य है?' पर व्याकरण का अति ध्यान रखने वाले सोचते हैं कि 'इन्द्रिय' का बहुवचन-रूप तो 'इन्द्रियें' होना चाहिए, जैसे 'पुस्तकें'। 'इन्द्रियाँ' तो व्याकरण से गलत है। ऐसा सोचकर वे 'इन्द्रियें' लिखकर उपहासास्पद बनते हैं! उन्हें सोचना चाहिए कि सर्वत्र अकारान्त स्त्रीलिंग शब्दों के आगे बहुवचन 'एँ' विभक्ति आती है; पर 'इन्द्रियाँ' इस पद्धति पर नहीं है, तो कोई कारण होगा। भाषा का प्रवाह कोई बदल नहीं सकता। हजार प्रयत्न करने पर भी 'इन्द्रियें' आप जनता से नहीं बुलवा सकते। सोचना यह चाहिए कि आखिर यह 'इन्द्रियाँ' प्रयोग चला कैसे जब कि अन्यत्र 'एँ' है—'पुस्तकें', 'टिकटें' आदि। 'टिकट' जहाँ पुल्लिंग बोलते हैं, वहाँ 'एँ' न लगेगा। इस तरह यदि कोई 'इन्द्रिय' शब्द का प्रयोग पुल्लिंग में करे, तो बहुवचन

में 'इन्द्रिय' ही रहेगा, कोई विभक्ति सामने न आएगी–'बालक आया'-'बालक आए'। प्रयोग होगा तब–'इन्द्रिय हमारे प्रबल हैं'। स्त्रीलिंग में 'इन्द्रियाँ' चलता है। यह क्या बात है? क्या व्याकरण के उस नियम का अपवाद है?

नहीं, किसी नियम का कोई अपवाद नहीं है। 'इन्द्रिय' शब्द का तद्भव रूप 'इन्द्री' हिन्दी में बन गया। 'य' को 'इ' हो गया, जिसे पाणिनीय व्याकरण में 'सम्प्रसारण' कहते हैं और दोनों इकारों में सवर्ण-दीर्घ सन्धि–'इन्द्री'। इस 'इन्द्री' शब्द का एकवचन में प्रयोग ('सधुक्कड़ी' भाषा में) पुमिन्द्रिय के लिए होता है और सब इन्द्रियों के लिए बहुवचन–'इन्द्रियाँ'। नदी-नदियाँ, टोपी-टोपियाँ और इन्द्री-इन्द्रियाँ। 'इन्द्रियों से' जैसे प्रयोग 'इन्द्रिय' के भी हो सकते हैं, यह अलग बात है। यहाँ तत्सम-तद्भव चाहे जिस रूप से समझ लें। परन्तु 'इन्द्रियाँ' तद्भव शब्द का रूप है।

सो, 'टिकटें', 'पुस्तकें', 'दाढ़ें', 'मेखें' आदि में 'एँ' विभक्ति है, 'यें' नहीं। यदि विभक्ति 'एँ' न होकर 'यें' होती, तो 'टिकट्यें' 'पुस्तक्यें' 'रेल्यें' जैसे शब्द रूप सामने आते। देखे कहीं! सर्वत्र 'टिकटें' 'पुस्तकें' आदि हैं। यानी विभक्ति है 'एँ'। इसे आकारान्त स्त्रीलिंग शब्दों में भूल से 'यें' लिखने लगे! 'यें' लिखने में न कोई तुक है, न तान! भाषा की प्रकृति, व्याकरण, प्रवाह तथा भाषा-विज्ञान से 'एँ' की पुष्टि होती है। इसलिए–

'लताएँ' जैसे प्रयोग शुद्ध हैं।

और–

'लतायें' जैसे प्रयोग गलत हैं।

'लतायें' की ही तरह किसी समय 'बाबुओं का काम' को 'बाबुवों' का काम लिखा जाता था, जो अब समाप्त हो गया। 'बाबुवों' का 'व्' चला गया, 'लतायें' से 'य्' भी भागने वाला है। 'मदाखलत बेजा' तभी तक समझिए, जब तक लोग बेखबर हैं।

2. 'बैठिए'-'बैठिये'

हिन्दी में 'बैठिए'-'बैठिये', 'चलिए'-'चलिये' आदि द्विविध रूप चल रहे हैं। यहाँ भी 'य्' उसी तरह आ कूदा है। शुद्ध रूप हैं–बैठिए, उठिए, पढ़िए, चलिए आदि। 'बैठिये' आदि गलत हैं।

संस्कृत में **'त्वया ग्रन्थः पठनीयः'**, 'कार्यं करणीयम्', 'भवने शयनीयम्' आदि प्रयोग होते हैं। यहाँ 'अनीय' प्रत्यय है। सूर ने ब्रजभाषा में–'बिनती एती ऊधौ **करनी**' और 'पुनि पाती आगे **धरनी**' जैसे प्रयोग किए हैं। संस्कृत में 'पठनीय' आदि में जो 'अनीय' है, उसका 'नी' मात्र यहाँ ले लिया गया है। अवधी आदि में 'पठनीय' आदि से 'ईय' मात्र लेकर 'इय' कर लिया गया–'बैठिय' 'कीजिय'

आदि। इसी तरह 'चाहिय' है—'चाहिय जहाँ रिसिन कर बासा'। 'खड़ी बोली' में 'बैठिय' आदि का 'य' 'ए' बनकर आया है। 'य' कभी 'इ'-'ई' और कभी 'ए' के रूप में आ जाता है। सो, 'उठिय', 'बैठिय' अवधी आदि में और 'उठिए'-'बैठिए' राष्ट्रभाषा में। 'उठिये'-'बैठिये' संकर-प्रयोग गलत हैं। जब 'य' बन गया 'ए' तब 'उठिए' ही तो रहेगा न! फिर 'य्' कहाँ रहा? यह तो हो नहीं सकता कि 'य' 'ए' भी बन जाए और 'य' भी बना रहे! जिस दूध का दही बन गया, वह फिर क्या दूध के रूप में भी बना रहेगा?

सो, उठिए, बैठिए, लीजिए, कीजिए आदि प्रयोग शुद्ध हैं। अवधी में 'इय' प्रत्यय है और राष्ट्रभाषा में 'इए' है—'कीजिय' 'कीजिए'। सूर ने भविष्यत्-संवलित प्रार्थना में 'करनी' आदि प्रयोग किए हैं। हिन्दी में ऐसी जगह उसका प्रयोग किया जाता है—'कीजिएगा' 'दीजिएगा' आदि। यानी ऐसी प्रार्थना, जो भविष्यत् में क्रियात्मक रूप ग्रहण करेगी।

इस प्रसंग में मजेदार बात यह देखिए कि हिन्दी का गठन कितना वैज्ञानिक है! जब क्रिया की निष्पत्ति में कोई शंका नहीं, क्रिया-निष्पत्ति निश्चित है, तब मुख्य धातु का कृदन्त प्रयोग होता है—'राम पढ़ता है' 'राम ने पुस्तक पढ़ी, पढ़ ली' आदि। संस्कृत में 'कृदन्त' को 'सिद्ध-भाव' कहते हैं और 'तिङन्त' को 'साध्य-भाव'। हिन्दी ने 'सिद्ध' तथा 'साध्य' शब्दों को पूर्णतः अन्वर्थ कर दिया। वर्तमान तो सामने ही है, क्रिया की निष्पत्ति स्पष्ट है; इसलिए कृदन्त प्रयोग—**लड़का पढ़ता** है, **लड़की पढ़ती** है। कृदन्त क्रिया कर्ता या कर्म के अनुसार रूप बदलती है, यदि भाववाच्य न हो। इसी तरह भूतकाल में—लड़के ने ग्रन्थ पढ़ा, लड़की ने ग्रन्थ पढ़ा। 'पढ़ा' कृदन्त क्रिया है, कर्म (ग्रन्थ) के अनुसार। वर्तमान तथा भूतकाल में क्रिया की निष्पत्ति असन्दिग्ध है, इसीलिए 'सिद्ध भाव' (कृदन्त) का प्रयोग। परन्तु विधि, प्रार्थना, आज्ञा आदि में क्रिया की निष्पत्ति असन्दिग्ध नहीं। 'तू जा' कहा। अब जाना-न-जाना तो दूसरे पर है। इसीलिए (साध्य भाव) तिङन्त क्रिया—पुं-त्री. में समान रूप। प्रार्थना, आशीर्वाद आदि भी इसी कोटि में हैं। इसीलिए तिङन्त क्रियाएँ—उठिए, बैठिए, वह सौ वर्ष **जिए** आदि तिङन्त प्रयोग। संस्कृत का 'अनीय' प्रत्यय कृदन्त है; पर हिन्दी का 'इए' तिङन्त है। तिङन्त-पद्धति क्रिया-निष्पत्ति की सन्दिग्धता के कारण। यदि क्रिया की निष्पत्ति निश्चयात्मक हो, तब फिर 'गा' लगा देते हैं—'राम पुस्तक पढ़ेगा—लड़की पुस्तक पढ़ेगी'। 'गा' एक तरह की कृदन्त चीज है, जहाँ 'भाव' सिद्ध होता है। 'भाव' माने 'क्रिया'। हिन्दी की क्रियाएँ सिद्धावस्था में कृदन्त और साध्यावस्था में तिङन्त।

सो, 'इए' हिन्दी की तिङन्त चीज है। 'चाहिय' का 'य' पूरब में 'इ' बन जाता है और सवर्ण दीर्घ होकर—'चाही'। 'तुम्हें अस न चाही'। राष्ट्रभाषा में 'य' 'ए' बन जाता है; यानी 'इय' का 'इए' हो जाता है—'चाहिए'।

स्पष्ट हुआ कि विधि-प्रार्थना आदि में 'इए' प्रत्यय है—उठिए, बैठिए, चाहिए आदि। भविष्यत् प्रकट करने के लिए 'गा' आगे लगा देते हैं—'उठिएगा' 'कीजिएगा' आदि। यदि विधि-प्रार्थना आदि न हो और भविष्यत् में क्रिया-सिद्धि निश्चित हो, तब 'इए' न लगकर 'इ' प्रत्यय लगेगा; 'गा' के साथ—'उठेगा', 'उठेगी' और 'पढ़ेगा', 'पढ़ेगी' आदि। धातु के अन्त्य 'अ' तथा प्रत्यय 'इ' में 'गुण'-सन्धि। यदि धातु अकारान्त नहीं, तो फिर यह 'इ' ही 'ए' बन जाती है। 'जा' धातु, 'जाएगा' क्रिया। 'जायेगा' गलत प्रयोग है। विधि आदि में भी—'राम जाए' 'वह आए' आदि। प्रार्थना में भी—'आप आएँ, जाएँ, लाएँ' आदि। यानी उस 'इए' से यह 'इ'>'ए' भिन्न चीजें हैं। कीजिए, दीजिए, जाइए, आइए आदि में 'इए' तिङन्त प्रत्यय है और करें, दें, जाएँ, आएँ आदि में 'इ'>'ए'। बहुवचन में 'इं'-'एँ'—करे-करें, जाए-जाएँ।

इस तरह सिद्ध हुआ कि—

कीजिए, सोइए और करे, सोए, जैसे प्रयोग शुद्ध हैं।

गलत प्रयोग हैं—

कीजिये, सोइये, लड़का सोये आदि।

इसी तरह भविष्यत् प्रार्थना में शुद्ध हैं—

कीजिएगा, दीजिएगा, जाइएगा आदि।

अशुद्ध हैं—

कीजियेगा, दीजियेगा, जाइयेगा आदि।

भविष्यत् काल में शुद्ध हैं—

राम जाएगा, सोएगा, धोएगा।

और अशुद्ध हैं—

'जायेगा' 'जावेगा' 'सोयेगा' 'धोयेगा' आदि।

'पीजिये' आदि की तरह 'पीजिये गा' आदि भी गलत हैं। 'ज्' विकरणरूप से यहाँ हैं—प्रकृति ('पी' धातु) तथा प्रत्यय ('इए') के बीच में सहायक। ईकारान्त 'पी' आदि धातुओं में तथा 'ले' 'दे' आदि एकस्वर अन्य धातुओं में यह विकरण आता है। 'इए' सदा एकरस। सारांश सब का यह कि ऐसे सब स्थलों में 'य्' से युक्त रूप गलत हैं और स्वरमात्र 'ए' तथा 'इए' से शुद्ध हैं। अधिक विवेचन आवश्यक नहीं। अधिक के लिए 'राष्ट्रभाषा का प्रथम व्याकरण' देखना चाहिए।

कुछ शंकाएँ और उनके समाधान

पूर्व विवेचन से स्पष्ट हुआ कि जो कृदन्त प्रत्यय अवधी में 'इय' है और धातुओं में लग कर 'उठिय' 'कीजिय' 'चाहिय' आदि रूप बनाता है, वही राष्ट्रभाषा में 'इए' होकर 'उठिए' 'कीजिए' 'चाहिए' आदि रूप बनाता है। यानी 'य' को 'ए' हो जाता है। और पूरब में 'य' को 'ई' हो जाता है—'तुम्हें अस न चाही'। सो, 'चाहिय'

अवधी में और 'चाहिए' राष्ट्रभाषा में शुद्ध पद हैं। 'चाहिये' गलत है और इसी तरह 'कीजिये' आदि भी।

यहाँ एक शंका समझदारों को हो सकती है। वे कहेंगे कि हिन्दी में 'इ' तथा 'ई' को प्रायः 'इय्' होते देखा गया है–'नदी' + इया (स्वार्थिक प्रत्य.) = 'नदिया' और 'नदी' + आँ (बहु. विभक्ति) = 'नदियाँ'। इसी तरह 'पी' (धातु) + ओ (धातु-विभक्ति) = पियो। 'इय्' वैकल्पिक यहाँ है; इसलिए 'पीओ' भी। इसी तरह 'जियो'-'जीओ' जैसे द्विविध प्रयोग चलते हैं। जब 'पियो' आदि गलत नहीं, तब 'कीजिए'-'कीजिये' और 'चाहिए'-'चाहिये' जैसे द्विरूप शब्दों पर वैसा विवेचन कर के 'इय्' के रूप क्यों गलत कहे जाएँ? यहाँ वैकल्पिक 'इय्' जान पड़ता है। ह्रस्व 'इ' को भी 'इय्' होता है–सन्धि-सन्धियाँ, विधि-विधियाँ आदि।

शंका ठीक है। 'इ'-'ई' को 'इय्' होता है; पर तभी, जब 'इ' 'ई' प्रकृतिगत हों और दूसरा स्वर प्रत्यय-गत हो। यदि ऐसा नहीं, तब 'इय्' न होगा। 'जिया' 'पिया' आदि क्रियापदों में 'ई' को 'इय्' नहीं हुआ है, भूतकालिक 'य्' प्रत्यय में हिन्दी की पुंविभक्ति ('आ') लगी है और धातु-स्वर ह्रस्व हो गया है। 'आ' भूतकालिक प्रत्यय नहीं है कि 'इय्' की कल्पना की जाए। 'सोया', 'रोया' तथा 'आया' आदि प्रयोग देखिए। यहाँ धातु में न 'इ' है, न 'ई' है। 'ओ' और 'आ' धात्वन्त स्वर हैं, जो भूतकाल के पदों में भी दिखाई दे रहे हैं। यही स्थिति 'उव्' की है। 'बाबू' से 'आ' स्नेहार्थक प्रत्यय होने पर 'बबुवा' रूप बना और फिर 'उव्' का 'व्' लुप्त हो गया–'बबुआ'। 'बबुवा' बोलने में सुगमता नहीं है; इसलिए 'व्' का लोप। 'उ' के अनन्तर 'व्' का उच्चारण भला नहीं लगता। इसीलिए 'ओं' विकरण सामने होने पर भी 'व्' लुप्त हो जाता है–'बाबुओं को'। 'इय्' का 'य्' बना रहता है–'नदियों को'। यदि दोनों अंश प्रकृति में ही हों, या प्रत्यय में ही, तब 'इय्'-'उव्' नहीं होता। 'आई' एक प्रत्यय है–'सुघराई' 'चतुराई' आदि भाववाचक संज्ञाएँ बनाता है। यहाँ 'आ' + 'ई' न तो 'ए' हुए और न 'आ' से परे 'ई' को ही 'ए' रूप मिला। इसी तरह 'इए' प्रत्यय में जो 'इ' है, उसे आगे के 'ए' के कारण 'इय्' न होगा--हो नहीं सकता। 'इ' और 'ए' एक ही प्रत्यय में हैं।

सो, 'इय' की कोई सम्भावना यहाँ नहीं। फलतः 'चाहिये' 'कीजिये' आदि रूप एकदम गलत हैं।

× × ×

कुछ लोग यह शंका कर सकते हैं कि 'जाय' और 'जायगा' जैसे रूप क्यों गलत हैं? 'इ' विभक्ति जो यहाँ है, उसे 'य' हो गया समझना चाहिए। 'इ' को 'य' होता देखा ही जाता है। हाँ, 'आयेगा' 'राम आये' आदि जरूर गलत; क्योंकि यह सम्भव नहीं कि 'इ' को 'य' भी हो जाए और 'ए' भी हो जाए। सेर भर दूध का पाव

भर खोया भी बन जाए और साढ़े तीन पाव दही भी बन जाए, यह असम्भव है। सो, 'जायगा' और विधि-सम्भावना आदि का 'जाय' रूप गलत कैसे?

इस तरह 'जायगा' तथा 'राम जाय' आदि गलत हैं। कुछ विस्तार से बताना होगा। 'जायगा' बोलते हैं, सही; परन्तु अन्य क्रियापदों में कहीं कोई ऐसी बात नहीं दिखाई देती। कोई 'आयगा' बोलता है? 'राम सोए' की जगह कोई 'राम सोय', 'लड़का कपड़े धोय' जैसे प्रयोग करता है क्या? सब जगह 'ए' श्रुत है। सो, 'जायगा' तथा 'राम जाय' जैसे प्रयोग पंक्ति-बाह्य हैं—बिरादरी से खारिज हैं। भ्रमवश 'जायगा' जैसे प्रयोग चल पड़े, जो उर्दू वालों की मेहरबानी है। भाषा का स्वरूप-विवेचन तो अब हो रहा है। उर्दू में 'ए' का हलका उच्चारण और फिर 'य'। व्रजभाषा में 'जाइगो' बोलते हैं, 'जायगो' भी। 'इ' को वैकल्पिक 'य'। यही 'जायगो' उर्दू-हिन्दी में 'जायगा' हो गया है और जाइ>'जाय' भी आ गया है। परन्तु 'सोयगा', 'सोय' जैसे प्रयोग अन्य धातुओं के कहीं भी श्रुत नहीं, इसलिए 'जायगा' आदि राष्ट्रभाषा में गलती से आए समझिए। ऐसी ही जगह व्याकरण का शासन सामने आता है। उर्दू वाले 'लिखा'-'लिखी' को 'लिक्खा'-'लिक्खी' भी बोलते हैं। हिन्दी में 'लिक्खा'-'लिक्खी' तो नहीं; पर (उर्दू का) 'रक्खा'-'रक्खी' आ गया था। सन् 1925 तक हिन्दी-साहित्य में भी 'रक्खा'-'रक्खी' चलता था। परन्तु जब समझाया गया कि "यहाँ 'क्' जबर्दस्ती आ कूदा है और अनावश्यक है—'लिखा'-'लिखी' आदि में वह है भी नहीं। धातु 'लिख' है, जिसका भूतकालिक रूप 'लिखा'-'लिखी'। उसी तरह धातु 'रख' है, जिसके भूतकालिक रूप 'रखा'-'रखी' हैं। यदि धातु 'रक्ख' होती, 'रक्खता है' क्रियापद होते, तब 'रक्खा'-'रक्खी' ठीक कहे जाते।" इस तरह व्याकरण के अंकुश ने सब ठीक कर दिया। अब 'लिखा'-'लिखी' की तरह 'रखा'-'रखी' सब लिखते हैं; यद्यपि बोलते अब भी 'क्' के साथ ही हैं। परन्तु बोलने की भाषा में वैसा व्याकरण-विचार नहीं किया जाता, जैसा कि साहित्यिक भाषा में। लिखी हुई चीज देश-काल की परिधि लाँघकर बहुत दूर तक जाती है। यदि एकरूपता न हो, तो समझने में गड़बड़ी पड़े। 'रक्खा' रूप जारी रहता और आज उसे देखकर रूसी या अन्य किसी देश के लोग "मैं जब हिन्दी लिक्खता हूँ" ऐसे प्रयोग करता, तब आप क्या कहकर मना करते? बोलने में आप 'क्' जोड़ते रहिए, साहित्य को कोई क्षति नहीं। व्रज में 'है' को 'ऐ' बोलते हैं और 'हैं' को 'ऐं'। परन्तु व्रजभाषा-साहित्य में आप को कहीं 'ऐ'-'ऐं' क्रियाएँ मिलीं? सूर आदि सभी व्रजभाषा-कवियों ने 'है'-'हैं' प्रयोग किए हैं। दूर तक समझने में सरलता। यदि व्रजभाषा-साहित्य में 'ऐ'-'ऐं' क्रिया-पद चलते, तो कैसा रहता? इसी तरह 'जायगा' आप बोलते हैं, तो बोलते रहिए; कोई हर्ज नहीं; परन्तु लिखना होगा—'जाएगा', 'राम जाए'। बंगाली बन्धु बोलने में 'अ' को कहीं-कहीं 'ओ' जैसा बोलते हैं—'जोलं पिवामि' जैसा। परन्तु लिखते हैं—'जलं पिवामि'। यदि वे अपने

उच्चारण के अनुसार लिखते और काश्मीरी, दाक्षिणात्य तथा अन्य लोग अपने उच्चारण के अनुसार, तो संस्कृत भाषा क्या बन जाती? कौन उसे समझता? मेरठ डिवीजन में बोलते हैं—'गिन्ठी ठा ला'। परन्तु लिखते हैं—'अँगीठी उठा ला'। यदि वे अपने उच्चारण के अनुसार लिखते, तो आप क्या कहते? गलत कहते कि नहीं? मेरठ में तथा काशी में भी 'है' का उच्चारण 'ह' जैसा (कुछ झटके के साथ) होता है; पर लिखते सब 'है' हैं। इससे भाषा में एकरूपता आई है। काशी के इधर-उधर बोलते हैं—'राम को लड़का हुआ'। परन्तु लिखते सब हैं—'राम के लड़का हुआ'—'भइ गलानि मोरे सुत नाहीं'। 'मोहिं' या 'मोहीं' तुलसी ने नहीं लिखा, यद्यपि काशी उनका निवास-स्थान था। सो, बोलिए चाहे जो, लिखिए शुद्ध—'जाए, जाएगा'।

उच्चारण-साम्य से 'जाइगो'>'जायगो' और उससे प्रभावित 'जायगा' चल पड़ा था। अब एकरूपता के लिए भाषा की प्रकृति-प्रवृत्ति पर विचार आवश्यक है।

'आयेगा'-'राम आये' जैसी जगह 'य' कैसे आ कूदा? लोगों ने 'आया' का बहुवचन 'आये' देखा, जो प्रमाण-प्राप्त है। उसी पद्धति पर विधि आदि में भी 'आये' और भविष्यत् में भी 'आयेगा'! भूत और भविष्यत् को एक कर दिया! भविष्यत् प्रकट करनेवाला प्रत्यय 'इ' है, 'य' नहीं है—'पढ़ेगा', 'जाएगा' आदि। परन्तु हिन्दी का कोई व्याकरण तो था नहीं! फलतः 'आयेगा'-'राम आये' जैसे प्रयोग चल पड़े।

× × ×

आप कहेंगे कि 'राम आये', 'आयेगा' जैसे प्रयोग गलत। सही; क्योंकि 'य' भूतकाल का प्रत्यय है और 'लड़के आये' जैसे प्रयोग देखकर अज्ञानवश 'राम आये'-'आयेगा' जैसे पद भी चले। परन्तु 'राम आवे'-'आवेगा' जैसे प्रयोग भी तो हिन्दी में चलते हैं! पहले ऐसे प्रयोग बहुत चलते थे, अब कम हो गए हैं; पर हैं, होते हैं। इस तरह के प्रयोगों के बारे में क्या राय है?

राय यही कि राष्ट्रभाषा में 'राम आए'-'आएगा' जैसे प्रयोग ही साधु हैं और 'राम आये'-'आयेगा' आदि की तरह 'आवे'-'आवेगा' आदि भी गलत हैं। उपपत्ति लीजिए।

'राम आवे'-'आवेगा' जैसे प्रयोग व्रजभाषा के 'आवै' तथा 'आवैगो' आदि के संसर्ग से आए हैं, राष्ट्रभाषा के 'अपने' नहीं हैं। व्रज में धातु है 'आव'-'आवत है', 'आवत हैं'। यही 'आव' अवधी आदि में भी है। बुंदेलखण्ड आदि में भी यही है; केवल 'व' को सम्प्रसारण ('उ') हो जाता है—'आउत है', 'सोउत है' आदि। पंजाबी में भी 'आव' ही है—'मुंडा आवँदा है'। अनुनासिक भर हो गया है, 'व' को 'वँ' हो गया है। यों अन्यत्र 'आव' धातु है, जिसके 'आवैगो', 'आवै' आदि रूप बनते हैं। अवधी में भी 'आवहि'-आवइ-आवै आदि। इसी 'आव' का भूतकाल में अवधी का 'आवा' प्रयोग है। परन्तु राष्ट्रभाषा में धातु है—'आ'—'आता है'।

इसी 'आ' धातु में विधि-सम्भावना आदि का 'इ' प्रत्यय लगकर 'ए' हो जाता है–आए-आएगा। यहाँ 'व्' की कोई स्थिति नहीं, कोई बात नहीं! सो, राष्ट्रभाषा में 'आवे'-'आवेगा' जैसे प्रयोग हिन्दी की विभिन्न बोलियों के संसर्ग से आ गए थे, जो अब हट गए हैं। हिन्दी के अपने प्रयोग 'आए'-'आएगा' आदि ही हैं।

3. 'गयी-गई' और 'गये-गए' आदि

अब हम 'गयी-गई' और 'गये-गए' आदि पर विचार करेंगे। हिन्दी में 'गयी'-'गई' और 'गये'-'गए' जैसे द्विविध क्रिया-रूप चलते हैं; यद्यपि पुराने साहित्य में 'गई'-'गए' जैसे रूप ही मिलते हैं। जब हिन्दी में व्याकरण की भी कुछ चलने लगी, तो लोग 'गये'-'गयी' रूप लिखने लगे; परन्तु 'गए'-'गई' भी चलते रहे, चल रहे हैं। यहाँ गये, आये, किये, लिये आदि बहुवचन रूप हैं–गया, आया, किया, लिया क्रियाओं के। सो, 'गये', 'आये' आदि के इन भूतकालिक रूपों में 'य' प्रमाण-प्राप्त है; 'गया' आदि से आया है। 'उठिये', 'चाहिये', 'राम आये', 'आयेगा' आदि में 'य' की स्थिति ऐसी नहीं; इसलिए वे गलत और 'गये', 'आये' आदि में 'य' प्रमाण-प्राप्त है; इसलिए शुद्ध, सही। इसी तरह 'गया-आया' आदि के स्त्रीलिंग रूप 'गयी'-'आयी' आदि में 'य' प्रमाण-प्राप्त है और ये रूप शुद्ध हैं, सही हैं।

परन्तु, इसके साथ ही यह भी समझिए कि 'गए'-'गई' आदि रूप गलत नहीं हैं, परम शुद्ध हैं। हिन्दी की पुरानी परम्परा से ये रूप चले आ रहे हैं। हम परम्परा-प्राप्त गलती छोड़ सकते हैं; परन्तु सही चीज कैसे छोड़ें? क्यों छोड़ें?

'गए'-'गई' आदि रूप क्यों शुद्ध हैं, सुनिए। हिन्दी में यथाश्रुत लिखने की पद्धति है। 'गये' और 'गयी' आदि क्रियापदों में 'य्' की श्रुति नहीं। इसीलिए उसका वैकल्पिक लोप। प्रमाण-प्राप्त 'य' है; इसलिए 'गये'-'गयी' जैसे रूप शुद्ध हैं और श्रुति न होने से 'य्' का लोप भी स्वाभाविक है, इसलिए 'गई'-'गए' जैसे य्-रहित रूप भी शुद्ध हैं। श्रुति के अभाव में 'य्' का वैकल्पिक लोप संस्कृत में भी है–होता है। वहाँ 'हरयिह' इसलिए शुद्ध है कि 'हरे + इह' की वहाँ स्थिति है, 'ए' को 'अय्' होकर 'हरयिह' बन गया है। परन्तु 'हरयिह' में 'य्' की श्रुति नहीं, इसलिए उसका वैकल्पिक लोप भी हो जाता है और 'हरइह' प्रयोग भी शुद्ध-संस्कृत है। इसी तरह हिन्दी के 'गये'-'गए' और 'गयी-गई' आदि द्विविध प्रयोग शुद्ध हैं।

संस्कृत में और हिन्दी में यों 'य्' का वैकल्पिक लोप स्पष्ट हुआ। परन्तु संस्कृत के वैय्याकरणों ने यह कहीं भी नहीं लिखा कि यह लोप क्यों होता है। स्पष्ट श्रुति न होने के कारण ही वैसा है, यह अभी बतलाया गया। परन्तु यह भी सोचने की बात है कि आखिर 'गये'-'गयी' आदि में 'य्' की श्रुति होती क्यों

नहीं? 'गया'-'आया' आदि में 'य' स्पष्ट क्यों सुनाई देता है? और ब्रजभाषा के 'गयो'-'आयो' आदि में भी वह क्यों नहीं दबता? इसका एक वैज्ञानिक कारण है। स्वर प्रबल होते हैं, व्यंजन निर्बल होते हैं। यदि एक ही वर्ण के स्वर और व्यंजन साथ-साथ हों, तो व्यंजन दब जाता है; भिन्न वर्ण के स्वर के साथ व्यंजन खूब चमकता रहता है। सूरज के सामने तारे कैसे हो जाते हैं? दब जाते हैं, लुप्त हो जाते हैं। भिन्न वर्ण (अन्धकार) के साथ वे खूब चमकते हैं। इसी तरह 'इ'-'ई' के साथ 'य्' दबकर अदृश्य हो जाता है, उसकी कोई आवाज पृथक् नहीं रहती। 'गयी' का 'गई' रूप हो जाता है। जानने वाले जानते हैं कि 'गई' में 'य्' का लोप है; क्योंकि यह 'गया' का स्त्रीलिंग रूप है। नक्षत्रों की स्थिति जैसे सूरज के सामने रहती है। 'इ' का तालु स्थान है, 'ई' का भी। और 'य्' का भी तालु स्थान है। इसलिए यह 'इ-ई' का सवर्ण व्यंजन (य्) दब जाता है, लुप्त हो जाता है, प्रबल सवर्ण के साथ। संस्कृत के 'हरयिह' का 'हर इह' इसीलिए हुआ और 'गयी'-'आयी' आदि का 'गई'-'आई' आदि भी इसीलिए। 'ए' में भी 'इ' विद्यमान है। अ + इ = 'ए'। 'ए' संयुक्त स्वर है। 'ए' में 'इ' और को न दिखाई दे, पर बेचारे 'य्' को तो साफ दिखाई देती है और इसीलिए उसकी बोलती बन्द हो जाती है! 'गये-आये' आदि में 'य्' श्रुतिहीन होने से लुप्त हो जाता है—'गए-आए' आदि। भेड़िया दूसरे को न दिखाई दे, भेड़ तो देख ही लेती है और दबक जाती है—चुपचाप। यही स्थिति 'ए' को देखकर 'य्' की होती है।

एक प्रासंगिक बात। संस्कृत में 'विष्ण विह' का 'विष्ण इह' रूप भी होता है, यानी 'व्' का वैकल्पिक लोप। 'व्' तो 'इ' का सवर्ण नहीं है, फिर लोप क्यों? संग-साथ का प्रभाव! 'कायर के संग सूर भागिहै, पै भागिहै'। 'य' के साथ रहने का प्रभाव! 'बाबुओं को' आदि के ('उव्' के) 'व्' का लोप तो इसलिए भी ठीक है कि 'व्' की स्थिति 'उ' तथा 'ओं' के बीच में निर्बल रहेगी। 'वु' तथा 'वों' में 'व्' की श्रुति स्पष्ट नहीं। फिर 'बाबुओं' का 'व्' तो 'उ' और 'ओं' के बीच में पड़ गया था। कैसे बचता? दो पाटों के बीच में! 'गयी' में तो 'अ' पूर्व में है, इसलिए वैकल्पिक लोप; परन्तु **की, ली, पी** आदि देखिए।

यहाँ 'य्' का वैकल्पिक नहीं, नित्य लोप है। दो पाटों के बीच में 'य' पड़कर पिस गया है। 'की' के साथ वैकल्पिक प्रयोग 'कियी' नहीं होता, न 'ली' के साथ 'लियी' और न 'पी' के साथ 'पियी' ही। 'किय' संस्कृत 'कृत' का विकास है। उसी में पुंविभक्ति लगाकर 'किया'। ब्रज की 'ओ' पुंविभक्ति लगकर 'कियो' रूप। इसी 'य' को फिर भूतकाल का प्रत्यय मानकर 'सोया' 'धोया' आदि रूप। अब 'किय' या 'किया' के आगे स्त्री-प्रत्यय 'ई' आया, तो 'कि या ई' स्थिति हुई। 'या' लाठी (ा) लिए है; पर करे क्या? दो प्रबल सवर्णों के बीच में है—एकदम खो गया! 'इ'-'ई' मिलकर सवर्ण दीर्घ—'की'। इसी तरह लिया + ई = 'ली' और पिया +

ई = 'पी' आदि समझिए। यानी 'गयी'-'गये' आदि के य् का वैकल्पिक लोप; क्योंकि पूर्व में असवर्ण स्वर है और 'की' 'ली' 'पी' आदि 'य्' का नित्य कर के; क्योंकि यहाँ आगे-पीछे दोनों ओर 'य्' के सवर्ण स्वर!

स्त्रीलिंग 'आई' आदि का प्रभाव दूर-दूर तक है। व्रज में भी 'आई' होता है; यद्यपि वहाँ धातु 'आव' है। 'आव' धातु का भूतकाल में व्रज में 'आवो' प्रयोग नहीं होता, न 'आवयो' ही होता है। 'सो' धातु का राष्ट्रभाषा में 'सोया' भूतकाल और व्रज में 'सोयो'; यद्यपि व्रज में धातु 'सो' नहीं, 'सोव' है—'सोवत-सोवति'। यानी 'य' प्रत्यय परे होने पर व्रज में 'व' का लोप—आवत-'आयो', सोवत-'सोयो' आदि। यह 'सोया'-'आया' का प्रभाव। मतलब यह कि 'व' आदि का लोप अन्यथा भी होता है। 'आवयो'-'सोवयो' जैसे लम्बे और भद्दे पद पसन्द नहीं किए गए; इसलिए 'व' का लोप करके 'आयो' 'सोयो' आदि। स्त्रीलिंग में 'आई' आदि व्रज में भी। यानी 'आव' के 'व' का लोप 'ई' परे होने पर भी। अवधी में 'आव' के आगे 'अ' भूतकालिक प्रत्यय लगकर 'आवा' जैसे प्रयोग होते हैं; पर स्त्रीलिंग में 'आवी' नहीं, 'आई' वहाँ भी। मतलब यह कि 'व' का लोप अन्य कारणों से भी होता है। 'आवी' कहीं नहीं, सर्वत्र 'आई'; यद्यपि धातु है 'आव'। 'आवा' का बहुवचन 'आए' होता है, 'आवे' नहीं। राष्ट्रभाषा में 'आए'-'आई' और व्रज तथा अवधी में भी 'आए'-'आई' समान प्रयोग। पुं. एकवचन में 'आया' 'आयो' 'आवा' अलग-अलग।

सारांश यह निकला कि 'य' तथा 'व' का कहीं वैकल्पिक और कहीं नित्य लोप भाषा में हो जाता है। इसलिए हिन्दी में गयी-गई और गये-गए जैसे दोनों तरह के प्रयोग शुद्ध हैं।

परन्तु यदि एकरूपता अपेक्षित हो, य-सहित या य-रहित रूपों में से किसी एक ही श्रेणी को रखना हो, तो फिर य-लोप वाले रूप ही रखने होंगे—'गई-गए' आदि। पुराने साहित्य में ऐसे ही रूप हैं और आज भी 'की' 'ली' 'पी' आदि में 'य' का नित्य लोप स्पष्ट है। 'गयी-गये' आदि ही रखने का आग्रह और 'गई-गए' छोड़ देने का रुख सफल न होगा; क्योंकि 'कियी' 'लियी' 'पियी' न कोई बोलेगा, न लिखेगा। गंगा को भगीरथ नीचे लाए, या कैसे आई, जो भी हो; पर आ गई। अब कोई भी भगीरथ इन्हें ऊपर हिमालय पर उलटे नहीं चढ़ा सकता। इसी तरह 'की' 'ली' 'पी' को कोई 'कियी' 'लियी' 'पियी' नहीं कर सकता। तब 'गयी-गये' जैसे रूप भाषा में एकरूपता कैसे लाएँगे? हम 'गयी'-'गये' को गलत नहीं कह रहे हैं; पर 'गई-गए' को भी शुद्ध कह रहे हैं। लेकिन दो में से एक ही रूप रखना हो, तो य-लोप वाला ही रूप रहेगा।

यों, 'राम आये'-'आयेगा' आदि को हमने गलत बतलाया और प्रतिपादन किया कि 'राम आए'-'आएगा' जैसे रूप शुद्ध हैं। परन्तु 'गए-गई' आदि को शुद्ध

बतलाकर भी 'गये-गयी' आदि को गलत नहीं कहा; कोई भी गलत नहीं कह सकता; क्योंकि 'य' प्रमाण-प्राप्त है। परन्तु एकरूपता के लिए 'गई-गए' रूप ही काम देंगे।

मैं समझता हूँ, चीज बहुत स्पष्ट हो गई है।

4. चाहिए-चाहिएँ

पीछे स्पष्ट किया गया कि 'चाहिए' आदि रूप शुद्ध हैं और 'चाहिये' आदि अशुद्ध। यहाँ हमें लगे हाथों 'चाहिए'-'चाहिएँ' पर भी विचार कर लेना चाहिए। कुछ प्रबुद्ध जन लिखने लगे हैं—'हमें पुस्तकें चाहिएँ।' यानी 'चाहिए' का बहुवचन 'चाहिएँ' लिखा जा रहा है। क्या यह ठीक है? सोचने पर स्पष्ट होगा कि 'चाहिएँ' प्रयोग गलत है; सदा ही 'चाहिए' ही चाहिए।

हिन्दी क्रियापदों की तीन पद्धतियाँ

'चाहिए'-'चाहिएँ' का विवेचन करने से पूर्व यह कह-समझ लेना जरूरी है कि हिन्दी के क्रियापद तीन पद्धतियों पर चलते हैं। उन्हीं में से एक पद्धति 'चाहिए' की है। क्रियापदों की पद्धतियाँ या मार्ग तीन हैं और उन (क्रियापदों) का स्वरूप द्विविध है। कुछ क्रियाएँ तो कर्ता या कर्म की तरह पुल्लिग-स्त्रीलिंग रूप बदलती-पकड़ती हैं—संज्ञाओं के ढंग पर। इन्हें 'कृदन्त क्रिया' संस्कृत में कहते हैं। हिन्दी में भी यही शब्द वैसी क्रियाओं के लिए रूढ़ है। कृदन्त क्रियाएँ संस्कृत में भी पुं.-स्त्री. तथा नपुं. लिंग रूपों में चलती-बदलती हैं। हिन्दी में नपुंसक लिंग नहीं, इसलिए पुं. और स्त्री. रूप ग्रहण करती हैं और तीन पद्धतियों पर चलती हैं। कुछ क्रियाएँ कर्ता के अनुसार रूप बदलती हैं—

बालकः सुप्तः—लड़का सोया

और—

बालिका सुप्ता—लड़की सोयी (या 'सोई')

'सुप्तः' पुल्लिग क्रिया 'बालकः' (कर्ता के अनुसार)। एकवचन भी कर्ता के अनुसार। यही स्थिति हिन्दी 'लड़का सोया' में 'सोया' की है—पु. एकवचन, 'लड़का' के अनुसार। 'सुप्ता' क्रिया स्त्रीलिंग है, 'बालिका' (कर्ता) के अनुसार। हिन्दी 'लड़की सोई' में भी वही बात।

बहुवचन—

बालकाः सुप्ताः—लड़के सोए

'सुप्ताः' क्रिया पुल्लिग-बहुवचन जैसे 'बालकाः'। हिन्दी 'लड़के सोए' में भी वही बात। 'लड़का' का बहुवचन 'लड़के' और 'सोया' का बहुवचन 'सोये'-'सोए' भी उसी तरह। ऐसी क्रियाएँ 'कर्तृ वाच्य' कृदन्त कहलाती हैं—'कर्तरि प्रयोगः'।

कृदन्त क्रियाएँ जब कर्म के अनुसार पुं.-स्त्री. रूप ग्रहण करती हैं, तो

'कर्मवाच्य कृदन्त' कही जाती हैं—'कर्मणि प्रयोगः'—

बालकेन **संहिता पठिता**—लड़के ने **संहिता पढ़ी**

बालकैः **संहिता पठिता**—लड़कों ने **संहिता पढ़ी**

'पठिता' क्रिया स्त्रीलिंग, एकवचन; कर्म 'संहिता' के अनुसार। कर्ता में बहुवचन 'बालकैः' हो जाने पर भी क्रिया एकवचन ही 'पठिता'-'संहिता'। इसी तरह हिन्दी में 'संहिता पढ़ी' स्त्रीलिंग एकवचन। कर्ता पुंल्लिग है—'बालक'; जिसे क्रिया देखती नहीं। कर्ता में बहुवचन 'बालकों ने'; पर क्रिया एकवचन ही, कर्म के अनुसार—'संहिता पढ़ी'।

इसी तरह—

बालिकया **ग्रन्थः पठितः**—लड़की ने **ग्रन्थ पढ़ा**

कर्ता स्त्रीलिंग—'बालिकया'-'लड़की ने'। परन्तु क्रिया पुंल्लिग कर्म के अनुसार—'ग्रन्थः पठितः'-'ग्रन्थ पढ़ा'।

कर्ता में बहुवचन कर दें—

बालिकाभिः **ग्रन्थः पठितः**—लड़कियों ने **ग्रन्थ पढ़ा**

क्रिया एकवचन ही 'पठितः'-'पढ़ा'; कर्म 'ग्रन्थ' के अनुसार। ऐसी क्रियाएँ 'कर्मवाच्य कृदन्त' कहलाती हैं।

यों दो पद्धतियाँ हुईं कृदन्त क्रियाओं की—कर्ता की पद्धति और कर्म की पद्धति।

इन दो पद्धतियों से भिन्न एक तीसरी पद्धति भी है, जहाँ क्रिया न कर्ता के अनुसार चलती है, न कर्म के अनुसार। तब उसका रूप क्या होता है? तब संस्कृत में नपुंसक लिंग एकवचन और हिन्दी में पुंल्लिग एकवचन—

बालकेन **ष्ठीवितम्**—लड़के ने **थूका**

बालकैः **ष्ठीवितम्**—लड़कों ने **थूका**

अस्याभिः **ष्ठीवितम्**—हम ने **थूका**

बालिकाभिः **ष्ठीवितम्**—लड़कियों ने **थूका**

सर्वत्र क्रिया एकरूप—'ष्ठीवितम्'—'थूका'।

ऐसी क्रियाएँ 'भाववाच्य' कहलाती हैं। यह तीसरी पद्धति।

यहाँ तक तो हिन्दी ने संस्कृत का पूर्ण अनुगमन किया; परन्तु इसके आगे किसी अंश में—

संस्कृत से भिन्न मार्ग है

संस्कृत में सकर्मक क्रिया का, कर्म की उपस्थिति में, कर्म के अनुसार ही प्रयोग होगा, 'कर्मवाच्य'। परन्तु हिन्दी ने भिन्न पथ ग्रहण किया। हिन्दी में सकर्मक क्रियाएँ, कर्म की उपस्थिति में, कर्मवाच्य भी होती हैं और कहीं भाववाच्य भी—

1. जुलाहे ने यह अच्छी **धोती बनाई**

2. लड़की ने उस धोती को (बेलबूटे काढ़ कर) और **अच्छा बना लिया**

ऊपर का प्रयोग कर्मवाच्य है—धोती बनाई, जुलाहे ने। अच्छी धोती बनाई। नीचे का वाक्य भाववाच्य है। कर्ता स्त्रीलिंग—'लड़की' और कर्म भी स्त्रीलिंग—'धोती' है; परन्तु क्रिया पुं. एकवचन 'बना लिया'। कर्ता और कर्म में बहुवचन कर दें, तो भी क्रिया एकवचन ही रहेगी—बहुवचन न होगी। संस्कृत से यह भेद; परन्तु वैज्ञानिक। जुलाहे ने धोती बनाई है, इसलिए कर्मवाच्य। अच्छी धोती 'बनाई' है। यानी अच्छापन बनाने के साथ-साथ आया है। इसीलिए 'धोती अच्छी बनाई'। परन्तु 'लड़की' ने धोती बनाई नहीं है; बनी-बनाई धोती में अच्छापन वह लाई है; इसलिए क्रिया भाववाच्य—बढ़िया धोती को और अच्छा बना लिया। 'धोती और अच्छी बना ली' भी प्रयोग हो जाएगा। 'और' तथा 'ली' (सहायक क्रिया) से बात साफ हो जाएगी। परन्तु 'लड़की ने धोती अच्छी बनाई' यों कर्मवाच्य प्रयोग न होगा, यदि धोती किसी दूसरे की बनाई हुई है। 'लड़की ने वह **धोती अच्छी कर ली**' भी (कर्मवाच्य) प्रयोग हो जाएगा; क्योंकि 'कर ली' का मतलब यह नहीं कि उसने धोती बनाई है। इसी तरह—

राम के पिता ने वह **इमारत अच्छी बनाई थी**

और—

राम ने उसी इमारत को **और अच्छा बना लिया**

एक ने इमारत अच्छी बनाई और दूसरे ने (उस बनी हुई) इमारत में कुछ अच्छाई और बढ़ा दी; अधिक अच्छापन ला दिया। यों अर्थ-भेद से प्रयोग-भेद है। संस्कृत में, कर्म की उपस्थिति में, भाववाच्य प्रयोग नहीं होते; वैसा अर्थ प्रकट करने के लिए दूसरा उपाय ग्रहण किया जाता है।

ब्रह्मा ने अच्छी-बुरी सभी तरह की सृष्टि बनाई

पर—

सन्तों ने उस भली-बुरी सृष्टि को अच्छा बना दिया

यों हिन्दी-प्रयोग। 'सृष्टि अच्छी कर दी' जैसे कर्मवाच्य प्रयोग भी हो जाएँगे; पर 'सन्तों से वह सृष्टि अच्छी बनाई' न होगा। 'सन्त कौओं को भी श्वेत कर देते हैं' लाक्षणिक प्रयोग होगा; पर 'सन्त कौए सफेद बना देते हैं' जैसे (कर्तरि) प्रयोग भी न होंगे। 'सन्तों ने कौओं को सफेद कर दिया' और 'सन्तों ने कौए सफेद कर दिये' प्रयोग हो सकते हैं; पर 'सन्तों ने कौए सफेद बनाए' न होगा। संस्कृत में ऐसी जगह कहा जाएगा—

सद्भिः श्वेतीकृताः काकाः

यानी जो पहले सफेद न थे, काले थे, उन्हें सफेद कर दिया!
परन्तु साधारण प्रयोग—

विधात्रा बकाः श्वेताः कृताः

'ब्रह्मा ने बगले सफेद बनाए' होता है। यहाँ 'श्वेतीकृताः' न होगा। कारण, श्वेतिमा तो बनाने के साथ आई है। ब्रह्मा ने बगले सफेद बनाए। 'सफेद बगलों को उनके निन्दित कर्म ने काला बना दिया' लाक्षणिक प्रयोग भाववाच्य, हिन्दी में। संस्कृत में भाववाच्य तो न होगा; पर 'च्वि' प्रत्यय से काम लिया जाएगा–

निजनिन्दितकर्मणा (श्वेताः) बकाः कृष्णीकृताः

'कृष्णीकृताः' यहाँ अच्छा न लगे, तो 'मेचकीकृताः' कर लीजिए। यहाँ 'मेचकाः कृताः' न होगा; क्योंकि वह कृति तो ब्रह्मा की है न! कर्मों ने काला कर दिया है। भगवान् के लिए किसी ने लिखा है–'येन शुक्लीकृता हंसाः, स मे वृत्तिं विधास्यति' सो गलत है। हंसों को पहले किसी ने किसी दूसरे रंग का बनाया होता और फिर भगवान उन्हें सफेद कर देते, तब 'येन शुक्लीकृताः' ठीक होता। 'जिस **जुलाहे ने धोती को अच्छा बनाया है**, वह चादर भी बना देगा'। उसी तरह गलत प्रयोग है, जैसे 'येन शुक्लीकृता हंसाः'। 'जिस जुलाहे ने अच्छी धोती बनाई' चाहिए, कर्मवाच्य।

खैर, कहने का मतलब यह कि हिन्दी में, कर्म की उपस्थिति में भी, 'भाववाच्य' क्रियाएँ होती हैं–

पाल-पोसकर मा ने बेटी को **इतना बड़ा बनाया**

यहाँ कर्ता 'मा' और कर्म 'बेटी' दोनो स्त्रीलिंग हैं। परन्तु क्रिया भाववाच्य 'बनाया'। क्यों? इसलिए कि बेटी को बनाने वाला तो भगवान् है न! 'मा ने बेटी अच्छी बनाई' यों कर्म-वाच्य न होगा। इसी तरह 'बेटी इतनी बड़ी बनाई मा ने' यह भी न होगा। परन्तु 'मा ने इतनी बड़ी अँगीठी बनाई' ठीक है कर्मवाच्य। मिट्टी की अँगीठी उसी की बनाई है। 'पाल-पोसकर मा ने बेटी को इतना बड़ा बनाया' भाववाच्य प्रयोग, सकर्मक धातु का।

यों हिन्दी की कृदन्त क्रियाओं के तीन मार्ग हुए। अब तिङन्त-भेद देखिए। तिङन्त क्रियाओं में स्त्री.-पुं. भेद नहीं होता। ये संज्ञाओं की तरह अपनी स्थिति नहीं रखतीं। परन्तु यहाँ 'पुरुष'-भेद होता है। पद्धतियाँ यहाँ भी तीन हैं–कर्तृवाच्य, कर्मवाच्य, भाववाच्य। भाववाच्य क्रिया सदा अन्यपुरुष, एकवचन। संस्कृत में भी ऐसा ही है।

तिङन्त कर्तृवाच्य–

मैं उठूँ, तू न उठ, वे उठें, राम उठे, रमा उठे

कर्ता के अनुसार क्रिया के पुरुष-वचन हैं। स्त्रीलिंग-पुल्लिग में समान रूप।

तिङन्त कर्मवाच्य–

तू ने ग्रन्थ पढ़े हैं

हम ने **ग्रन्थ पढ़ा है**

यहाँ 'पढ़ा'-'पढ़े' तो कर्मवाच्य हैं कृदन्त; परन्तु सहायक क्रिया तिङन्त कर्मवाच्य है–'है'। इसमें स्त्रीलिंग-पुंल्लिग का भेद नहीं, उभयत्र समान। परन्तु एकवचन-बहुवचन तथा 'पुरुष' (अन्यपुरुष) कर्म 'ग्रन्थ' के अनुसार है–'पढ़ा है'-'पढ़े हैं'। संस्कृत में भी इसी तरह कृदन्त-तिङन्त प्रयोग होते हैं–

त्वया **ग्रन्थाः पठिताः सन्ति**

अस्माभिः **ग्रन्थः पठितः अस्ति**

कर्ता से मतलब नहीं। कर्म 'ग्रन्थ' के अनुसार कृदन्त क्रिया 'ग्रन्थः पठितः'-'ग्रन्थाः पठिताः'। 'अस्ति' तथा 'सन्ति' तिङन्त क्रियाएँ भी कर्म के अनुसार, एकवचन-बहुवचन। 'है'-'हैं' तिङन्त क्रियाएँ कर्मवाच्य यहाँ हैं–

'ग्रन्थ पढ़ा है' और **'ग्रन्थ पढ़े हैं'**

भाववाच्य तिङन्त–

आप पुस्तकें लिखिए

'आप' बहुवचन है। कर्म 'पुस्तकें' भी बहुवचन। यों कर्ता तथा कर्म, दोनों बहुवचन; पर क्रिया 'लिखिए' एकवचन। यह तिङन्त भाववाच्य क्रिया है। कर्म की उपस्थिति में भी भाववाच्य। संस्कृत में ऐसा नहीं। वहाँ कर्म की उपस्थिति में भाववाच्य क्रिया नहीं होती, न कृदन्त, न तिङन्त। हिन्दी में कृदन्त सकर्मक क्रिया भाववाच्य होती है और तिङन्त भी। कृदन्त का उदाहरण पीछे आ चुका और तिङन्त का यह है। यहाँ कर्ता या कर्म के अनुसार क्रिया को बहुवचन 'लिखिएँ' कभी भी नहीं हो सकता। सदा 'लिखिए'। अपनी-अपनी पद्धति। यानी 'इए' प्रत्यय 'भावे' है–भाववाच्य क्रिया बनाता है। इसीलिए आप **'कपड़े बनाइए, कपड़ा बनाइए'** समान प्रयोग।

अब आप–

'चाहिए' देखिए

यह 'चाहिए' भी 'इए' प्रत्यय से भाववाच्य सहायक क्रिया है–सदा एकरस रहती है–अन्यपुरुष एकवचन–

मालिकों को बहुत से नौकर **चाहिए**

हमें कुछ अच्छे लड़के **चाहिए**

सुशीला को एक नौकर **चाहिए**

सर्वत्र 'चाहिए' अन्यपुरुष एकवचन। ऊपर के उदाहरणों में 'चाहिए' मुख्य

क्रिया है। 'सहायक' के रूप में आने पर विधि आदि द्योतित करती है—

राम को **वेद पढ़ना** चाहिए

हमें अच्छे **ग्रन्थ पढ़ने** चाहिए

मुख्य क्रिया कृदन्त कर्मवाच्य है—'वेद पढ़ना' और 'अच्छे ग्रन्थ पढ़ने'। परन्तु 'चाहिए' तिङन्त भाववाच्य। लिंग-वचन मुख्य क्रिया से ही प्रकट होते हैं—

राम को पुस्तक पढ़नी चाहिए

राम को पुस्तकें पढ़नी चाहिए

जैसे 'अच्छे ग्रन्थ पढ़ने' उसी तरह 'पुस्तकें पढ़नीं'। यानी लिंग-वचन का भेद मुख्य क्रिया प्रकट करती है। भूतकाल में—

राम को अच्छे **ग्रन्थ पढ़ने** चाहिए **थे**

हमें अच्छा ग्रन्थ **पढ़ना** चाहिए **था**

तुझे अच्छी पुस्तकें **पढ़नी** चाहिए **थीं**

'थीं' से बहुत्व सूचित है; इसलिए 'पढ़नी' निरनुनासिक। दोनों जगह अनुनासिक मिनमिनाहट पैदा करता। बहुत्व-सूचन से मतलब, सो हो गया। इसीलिए 'लड़कियाँ गईं' और 'लड़कियाँ **गई थीं**'। एक जगह बहुवचनार्थ 'गईं' अनुनासिक और दूसरी जगह 'थीं' से बहुत्व सूचित है। 'गई थीं' में 'गई' निरनुनासिक; पर है बहुवचन। परन्तु **'लड़के गए थे'** में 'गए' भी बहुवचन-रूप में; यद्यपि 'थे' से बहुत्व प्रकट है। 'लड़के गए' में कोई मिनमिनाहट नहीं है। इसलिए 'लड़के गए थे'। परन्तु 'गईं थीं' बोलने में अच्छा नहीं लगता, इसलिए एक जगह निरनुनासिक। सो,

पुस्तक पढ़नी चाहिए

पुस्तकें पढ़नीं चाहिए

यों शुद्ध प्रयोग हैं। 'चाहिए' भाववाच्य क्रिया है; 'उठिए' 'लिखिए' 'पढ़िए' आदि की तरह। सो, इसे अनुनासिक करके बहुवचन बनाना गलती है। 'राम को पुस्तकें पढ़नीं चाहिएँ' और 'पढ़नी चाहिएँ' गलत प्रयोग हैं। 'पुस्तकें पढ़नीं चाहिए' चाहिए। 'आप पुस्तकें **लिखिएँ**' की ही तरह गलत है, 'आपको पुस्तकें **पढ़नी चाहिएँ**'।

गलत—

'आपको पुस्तकें **पढ़नी चाहिएँ**'

'आप को पुस्तकें **पढ़नीं चाहिएँ**'

सही प्रयोग—

आप को **पुस्तकें पढ़नीं चाहिए**।

'हो' और 'होओ'

'तुम निराश मत हो, काम बन जाएगा' में 'हो' गलत है। 'तुम कपड़े धोओ' बहुवचन

है। 'तू कपड़े धो' एकवचन है। 'तुम' के साथ 'होओ' रहेगा, 'तू' के साथ 'हो'। हाँ, वर्तमान काल के बहुवचन में जरूर 'हो' मध्यम पुरुष का बहुवचन है—'तुम मूर्ख हो'। 'तुम विद्वान हो' ठीक, पर आशीर्वाद में 'तुम विद्वान् होओ' ठीक।

5. अव्यय—'लिए' शुद्ध और 'लिये' गलत

पीछे हमने कहा कि 'लिया' का बहुवचन 'लिये' और 'लिए' यों द्विविध या द्विरूप प्रयोग सही है; पर एकरूपता लाने के लिए दो में से एक ही रूप रखना हो, तो फिर 'लिए' ही रहेगा; 'लिये' न रह सकेगा। 'लिया' के बहुवचन में 'य्' प्रमाण-प्राप्त है; इसलिए श्रुति न होने पर भी 'लिये' रूप को कोई गलत नहीं कह सकता; यद्यपि उसमें 'य्' की श्रुति नहीं। 'सोया' 'लाया' आदि में 'य्' की पूर्ण श्रुति है ही; इसलिए वैसी जगह कोई विवाद ही नहीं। 'खटिया' आदि में भी यही बात है। परन्तु जहाँ 'य्' होने का न कोई प्रमाण हो, न श्रुति हो; वहाँ उसकी स्थिति नाजायज है। वहाँ से उसे धक्का देकर अलग किया जाएगा। 'लिए' हिन्दी का अव्यय संस्कृत 'कृते' के अर्थ में चलता है। इसकी जगह उर्दू वाले 'वास्ते' लगाते हैं, जिससे हमें वास्ता नहीं। हम अपने इस 'लिए' अव्यय पर विचार कर रहे हैं। इसे लोग 'लिये' भी लिख रहे हैं। यह 'लिया' के बहुवचन 'लिये' को देखकर भ्रम-निपतन है! बच्चे सेंधा नमक को मिसरी समझकर उठा लेते हैं; पर चखने से सब समझ जाते हैं। हम भी बच्चे ही हैं। 'लिये' क्रिया को देखकर अव्यय भी इसी तरह 'लिये' लिखने लगे—लिखते रहे—लिखते चले जा रहे हैं! परन्तु अब तो स्थिति स्पष्ट हो गई है। वस्तु-भेद है। 'लिए' अव्यय में न तो 'य्' की श्रुति है, न उसकी सत्ता में कोई प्रमाण है। फलतः 'राम के लिए मैंने कपड़े लिये' लिखना गलत है। चाहिए—'राम के लिए कपड़े मैंने लिये (या 'लिए')'। हाँ, यदि यह कहना हो कि 'राम ने जो कपड़े पहले लिये थे, वे मैंने लिये'; यानी दोनों जगह 'लिये' क्रिया हो, तब बात दूसरी है। परन्तु अव्यय को 'लिये' रूप में लिखना गलती है।

अव्यय का नाम आते ही संस्कृत 'एकत्र' की याद आती है। 'एकत्र' का अर्थ है—'एक जगह'। ब्रजभाषा में इसका तद्भव रूप 'एकत' हो जाता है—'कहलाने एकत बसत, अहि, मयूर, मृग, बाघ'। राष्ट्रभाषा में 'एकत' नहीं, तत्सम 'एकत्र' चलता है; पर कम—'एकत्र तो वे रँगरेलियाँ और अपरत्र वह हाहाकार!' 'अन्यत्र' का खूब प्रयोग होता है—'अन्यत्र जा बसेंगे।' इस 'अन्यत्र' का तद्भव रूप अवधी-ब्रजभाषा में 'अनत' है—'उपजहिं अनत, अनत छवि लहहीं'—उत्पन्न अन्यत्र होते हैं और शोभा अन्यत्र प्राप्त करते हैं। 'मेरो मन अनत कहाँ सचु पावै'—मेरा मन अन्यत्र कहाँ सुख-शान्ति पा सकता है। परन्तु राष्ट्रभाषा में 'अनत' नहीं, 'अन्यत्र' चलता है। चाहे तत्सम रूप में हो, चाहे तद्भव रूप में, ये 'एकत्र' 'अन्यत्र'

'सर्वत्र' आदि अव्यय स्थानवाचक हैं, अधिकरण-प्रधान। 'एकत्र रहना सम्भव नहीं'—एक जगह रहना सम्भव नहीं।

संस्कृत में 'तत्र' 'अत्र' आदि स्थानवाचक अव्ययों से (तद्धित प्रत्यय लगाकर) विशेषण भी बनते हैं—'**तत्रत्या जनता** सर्वं जानाति'—वहाँ की जनता सब जानती है। 'जनता' का विशेषण है, 'तत्रत्या'। 'तत्रत्यः पुरुषः'—'तत्रत्यानि फलानि'। 'पुरुषः तत्रत्यः' और 'फलानि तत्रत्यानि'। यों अव्यय से विशेषण। परन्तु ऐसे सभी अव्ययों से विशेषण नहीं बनते। 'एकत्र' से 'एकत्रत्य' बना विशेषण देखने में नहीं आता। उच्चारण में 'एकत्रत्य' अच्छा नहीं लगता। इसीलिए प्रयोग-विरह। परन्तु हिन्दी ने इसी 'एकत्र' अव्यय से अपना विशेषण बनाया-चलाया—'एकत्रित'। 'वहाँ एकत्रित भीड़ ने बड़ा शोर मचाया।' 'एकत्रित भीड़'-'इकट्ठी जनता'। 'वहाँ एकत्रित छात्र माँग कर रहे थे'-'वहाँ इकट्ठे हुए छात्र माँग कर रहे थे।' परन्तु 'सर्वत्र' से 'सर्वत्रित' और 'अन्यत्र' से 'अन्यत्रित' जैसे शब्द हिन्दी में नहीं बने-चले। 'एकत्रित' ही चला। संस्कृत में 'तत्र' से 'तत्रत्य' विशेषण बनता है, हिन्दी में 'तत्रित' नहीं। संस्कृत में 'एकत्र' से 'एकत्रत्य' नहीं बनता, हिन्दी में इसी से 'एकत्रित' बनता है। संस्कृत का 'एकत्र' अव्यय लिया और वहीं से 'इत' प्रत्यय लिया और दोनों के मेल से 'एकत्रित' अपनी चीज बना ली। संस्कृत में 'इत' प्रत्यय ऐसी जगह नहीं लगता, हिन्दी ने लगा लिया। ऐसा बहुत जगह हिन्दी ने किया है। 'दार' शब्द 'कलत्र'-वाचक (संस्कृत का) हिन्दी ने लिया और वहीं से 'आ' स्त्रीप्रत्यय भी लिया, जिसे वहाँ 'टापू' कहते हैं। ('ट्' और 'प्' उड़कर 'आ' मात्र प्रत्यय रहता है—सुशील + आ = 'सुशीला' आदि)। संस्कृत में 'दार' शब्द में यह स्त्रीप्रत्यय नहीं लगता और यह शब्द वहाँ पुंल्लिग है। 'भार्या' का पर्याय और अकारान्त पुंल्लिग! हिन्दी ने 'दार' शब्द लिया और संस्कृत का ही स्त्रीप्रत्यय 'आ' लिया। दोनो को मिलाकर अपना स्त्रीलिंग शब्द 'दारा' बना लिया। 'सुत दारा अरु लच्छमी, पापी हू के होयँ' यों ब्रजभाषा में भी 'दारा' और अवधी आदि में भी 'दारा'। हिन्दी में यह प्रवृत्ति है। 'दारा' में 'आ' स्त्रीप्रत्यय है। हिन्दी का अपना 'आ' प्रत्यय तो पुंव्यंजक है—सुई + आ = 'सुआ' और गाड़ी + आ = 'गाड़ा'। जैसे 'पत्ता + ई = पत्ती', पुंल्लिग से स्त्रीलिंग उसी तरह 'सुई' (<सूची) से पुंल्लिंग 'सुआ'। हिन्दी अपने आकारान्त पुंल्लिग शब्दों से ही स्त्रीप्रत्यय 'ई' लगाने की प्रवृत्ति रखती है। इसलिए संस्कृत अकारान्त 'दार' शब्द में उसका प्रयोग नहीं किया। परन्तु 'कलत्र' से 'कलत्रा' नहीं बनाया। 'कलत्रा' कैसा लगता? हाँ, संस्कृत 'अभिलाष' पुंल्लिग शब्द लेकर वहीं का स्त्रीप्रत्यय 'आ' लगाया और 'अभिलाषा' अपना स्त्रीलिंग शब्द हिन्दी ने बना लिया। यानी संस्कृत की ही प्रकृति और वहीं का प्रत्यय, चीज अपनी।

सारांश यह कि हिन्दी संस्कृत अव्यय 'एकत्र' से 'एकत्रित' विशेषण बनाती

है। 'एकत्रित' हिन्दी का टकसाली शब्द है, जैसे 'दारा'।

परन्तु कुछ 'अति प्रबुद्ध' जनों ने सोचा कि संस्कृत में 'एकत्र' से 'एकत्रित' तो बनता नहीं है! तब यह गलत है न! ऐसे गलत शब्द का चलन हिन्दी में बन्द होना चाहिए। यह सोचकर वे विशेषण-रूप से भी 'एकत्र' लिखने लगे! 'वहाँ एकत्र जनता ने माँग की।' जो चीज संस्कृत में नहीं बनती-चलती, वह हिन्दी में भी क्यों बने-चले! परन्तु इन 'प्रबुद्ध' जनों ने यह नहीं सोचा कि 'एकत्र' शब्द का विशेषण-रूप से प्रयोग संस्कृत में सही है, या गलत! मेरे प्यारे प्रबुद्ध भाइयो, विशेषण-रूप से 'एकत्र' का प्रयोग संस्कृत भी गलत समझती है। 'तत्र समवेताः पुरुषाः' जैसा कुछ कहा जाएगा—'वहाँ इकट्ठे लोग' के लिए। 'तत्र **एकत्र** पुरुषाः' संस्कृत में गलत है, अति भ्रष्ट है; भाइयो मेरे! सो, संस्कृत का पल्ला पकड़ने पर भी तो आप डूब रहे हैं! संस्कृत का भी पल्ला कहाँ पकड़ा, नाम भर ले रहे हैं।

इन लोगों की बातें बड़ी मजेदार हैं। संस्कृत अव्ययों में—'अत्र' 'तत्र' आदि में—संज्ञा-विभक्ति नहीं लगती। 'अत्र' अधिकरण-प्रधान है और 'अतः' अपादान-प्रधान। इसी तरह 'तत्र'-'ततः' और 'कुत्र'-कुतः' आदि। 'ततः स गतः'—वहाँ से वह चला गया। जब 'ततः' पृथक् अव्यय है, तब 'तत्र' को क्यों छेड़ा जाए? परन्तु हिन्दी ने न 'तत्र' लिया और न 'ततः' लिया। 'तत्र' की जगह अपना अव्यय है—'वहाँ'। जहाँ, वहाँ, कहाँ, यहाँ आदि जहाँ हिन्दी ने अपने अव्यय बना लिए हैं, वहाँ संस्कृत के 'तत्र' आदि नहीं लेती। 'जहाँ कहोगे, वहाँ मिल जाऊँगा' को 'यत्र कहोगे, तत्र मिल जाऊँगा' नहीं कर सकते। हाँ, संयुक्त रूप से 'यत्र-तत्र सब सामग्री बिखरी पड़ी थी' या 'यदा-कदा वे आ भी जाते हैं', ऐसे प्रयोग होते हैं। पर 'यदा वे आते हैं, तदा मैं नहीं मिलता' कभी भी न होगा।

सो, संस्कृत ने न 'तत्र'-'तदा' लिए और न 'ततः' 'कुतः' आदि ही। 'इस लिए' के अर्थ में 'अतः' जरूर चलता है। परन्तु अपादान-प्रधान नहीं—'अतः चले आओ' न होगा, **'यहाँ से** चले जाओ' चलता है। परन्तु प्रबुद्ध जनों ने सोचा—संस्कृत में अव्ययों के आगे विभक्तियाँ नहीं लगतीं। तब हिन्दी में क्यों लगें? परन्तु हिन्दी तो संस्कृत अव्ययों के आगे भी अपनी विभक्तियाँ लगाती है—'सदा की यह बात है', 'सदा से ऐसा होता आया है' इत्यादि! क्या करेंगे? एक बड़े साहित्यिक बन्धु को बोलते सुना—'सदा काल से ऐसा होता आया है।' सोचा 'सदा' अव्यय है, उसके आगे 'से' विभक्ति लगा देने से हिन्दी गलत हो जाएगी! सो, 'सदा काल से' शुद्ध प्रयोग! पुनरुक्ति कोई गलती नहीं! 'सदा' काल-प्रधान ही अव्यय है। उसके आगे फिर 'काल' लगाना ऐसा, जैसे कहा जाए—'अन्यत्र स्थान से ले लेंगे!' 'अन्यत्र से ले लेंगे' कहने में हिन्दी गलत हो जाने का डर! अव्यय के आगे विभक्ति कैसे लगाएँ! इसलिए उसके आगे 'स्थान' और उसके आगे विभक्ति! यह है हिन्दी का शुद्धीकरण, जो प्रबुद्ध जन कर रहे हैं! वे 'वहाँ से' 'वहाँ का' 'यहाँ से' आदि को

गलत समझते हैं! अव्यय के आगे विभक्ति कैसे? जो संस्कृत में नहीं, वह हिन्दी में कैसे? सुन्दर तर्क है! परन्तु 'राम के यहाँ वे छात्र रहते हैं' इन प्रयोगों का क्या होगा? संस्कृत में तो 'रामस्य अत्र' इस अर्थ में चलता नहीं है।

हम ऐसे व्याकरण का अति ध्यान रखने वालों से बहस करने के अधिकारी नहीं। हम तो यह जानते हैं कि हिन्दी में 'यहाँ से' 'कहाँ को' 'सदा से' आदि प्रयोग होते हैं और इन्हें हिन्दी कभी भी छोड़ नहीं सकती। हम हिन्दी पर विचार कर रहे हैं, संस्कृत पर नहीं। संस्कृत से भिन्न पद्धति भी हिन्दी कहीं रखती है।

सारांश यह कि 'एकत्र' का विशेषण-रूप से प्रयोग गलत है, संस्कृत के रूल से भी गलत है। 'एकत्रित' पसन्द नहीं, तो 'इकट्ठा' 'इकट्ठे' 'इकट्ठी' विशेषण लिखिए। पर ये 'गँवारू' शब्द पसन्द न पड़ेंगे! बड़ी कठिन समस्या प्रबुद्ध जनों के सामने है!

6. 'दुहरा'-'दोहरा' और 'इकतारा'-'एकतारा'

हिन्दी अपनी पद्धति पर अपने यौगिक शब्द ढालती-चलाती है। सभी भाषाएँ यौगिक शब्दों में कुछ हेर-फेर करती हैं। 'त्रयः' संख्या-वाचक शब्द संस्कृत का प्रातिपदिक (मूल) रूप में 'त्रि' है। परन्तु पूरणार्थक प्रयोग है—'तृतीयः'। यानी 'तीय' तद्धित प्रत्यय लगने पर 'त्रि' का 'तृ' हो गया। 'पठति' में 'प' ह्रस्व है; पर प्रेरणा में दीर्घ हो जाता है—'पाठयति'। इसी तरह समास में भी हेर-फेर होता है। अंग्रेजी 'ट्वैन्टी' आदि शब्द यौगिक हैं—'दशकद्वय' से मतलब है। 'टी' प्रत्यय है, या 'टू' का ही घिसा हुआ रूप है, मैं नहीं जानता। परन्तु उसके पूर्व 'ट्वैन' तो अवश्य ही 'टैन' की छाया है। सम्भव है, 'टी' 'टू' का ही घिसा रूप हो और 'दशकद्वय' के अर्थ में 'ट्वैन्टी' चला हो; परन्तु आगे 'ट्वैन्टी' के अनुकरण पर 'थर्टी' 'फार्टी' 'फिफ्टी' जैसे शब्द जो अंग्रेजी में बने, तो कहा जाएगा कि 'टी' एक प्रत्यय मान लिया गया। इन शब्दों में 'थ्री' 'फोर' 'फाइव' का आभास है। दस का तिगुना, दस का चौगुना, दस का पँचगुना आदि अर्थ हैं। परन्तु कितना परिवर्तन है! इतना परिवर्तन कि इन शब्दों के योग पर ध्यान ही नहीं जाता। रूढ़-से प्रतीत होते हैं। परन्तु हैं निश्चय ही ये यौगिक शब्द 'नाइन्टी' तक। 'हंड्रेड' अवश्य स्वतन्त्र शब्द है। मैं अंग्रेजी नहीं पढ़ा हूँ, तो भी ऐसे शब्दों का योगार्थ ध्यान में आता है।

इसी तरह हमारी हिन्दी में यौगिक शब्द बनते हैं। कभी अवयव साफ दिखाई देते हैं और कभी इतना परिवर्तन हो जाता है कि रूप ही बदल जाता है। 'इक्कीस' में 'एक' का आभास पूर्वांश में मिलता है और 'बीस' का आभास उत्तरांश में। पर कितना परिवर्तन हो गया है! 'चौबीस' में उत्तरांश एकदम स्पष्ट है और पूर्वांश भी एकदम अस्पष्ट नहीं है।

सोचने पर बहुत-कुछ नियम बनाए जा सकते हैं। इन्हीं नियमों को 'व्याकरण'

कहते हैं। बहुत-कुछ देख-भाल कर एक नियम बनाया जा सकता है—हिन्दी यौगिक शब्दों के पूर्वांश का आद्य दीर्घ स्वर प्रायः ह्रस्व हो जाता है—दो मंजिलें जिसमें हों, वह—**दुमंजिला** और दो आने—**दुअन्नी**, एक आना—**इकन्नी** आदि। 'दो' का 'दु' और 'एक' का 'इक' हो गया है। कहीं और कुछ परिवर्तन। 'चार' का 'चर' नहीं होता, 'चौ' हो जाता है—'चौमासा' 'चौदह' 'चौबीस' आदि। तद्धित में 'इकलौता' आदि इसी नियम पर हैं।

उपर्युक्त नियम से ही 'इकतारा' 'दुतरफा' 'इकतरफा' आदि यौगिक शब्द बनते-चलते हैं। परन्तु इस पद्धति के विरुद्ध लोग लिख देते है—'**एकतारा** बजाता हुआ वह **दोहरी** मुसीबत **दोपहरी** में झेल रहा था।' चाहिए—'इकतारा' 'दुहरी' 'दुपहरी'। एक तार जिस बाजे में हो, वह 'इकतारा'—'एकतारा' नहीं। 'इकन्नी' को 'एकानी' करना क्या भला है? 'दुअन्नी' को 'दोआनी' कौन बोलेगा? रबड़ी को पानी में घोल-मथ कर दूध बनाना किस काम का? क्या दूध बन जाएगा? स्वाद आएगा? 'इक्का' को 'एक्का' लिखना-बोलना क्या ठीक है? पूरब में 'एक्का' बोलते जरूर हैं; पर 'ए' का उच्चारण वहाँ भी लघु होता है—'एक' में जैसा है, वैसा (गुरु) नहीं। वहाँ 'ए'-'ओ' (यौगिक शब्दों के आद्य अंश) कुछ लघु उच्चरित होते हैं और पूरे हिन्द की भाषा (हिन्दी) में वे पूर्ण ह्रस्व हो जाते हैं—ए>इ, ओ>उ। ई>इ, ऊ>उ। 'आ' भी 'अ' बन जाता है—आठ आने 'अठन्नी'। **कान** काटनेवाला—'**कनकटा**'। **नाक** जिस की कट गई हो, वह 'नकटा'। एक 'क' उड़ गया। परन्तु जो नाक काट लेता हो, वह 'नककटा'। यहाँ दोनों 'क' रहेंगे; अन्यथा अर्थ-भ्रम। मतलब यह कि 'आ' को 'अ' हो जाता है—**पाँच** मेल (प्रकार) की—**पँच**मेल मिठाई। **आठ** पहलू जिसमें हों, वह '**अठ**पहलू'। इन यौगिक शब्दों को 'नाकटा' 'नाक-कटा' 'पाँचमेल' (मिठाई), 'आठपहलू' जैसा लिखना भाषा के सौन्दर्य को नष्ट करना है, बहुत बड़ी गलती है।

यौगिक शब्दों के इस प्रसंग में हमें अपने उन शब्दों पर भी विचार करना है, जिनके पूर्वांश या उत्तरांश संस्कृत तत्सम शब्द हैं, या किसी विदेशी भाषा से आए हुए हैं। 'ऊपर' की छाया 'उपर' सामासिक शब्दों में दिखाई देता है—'चार घड़ी उपरान्त' 'उपरोक्त ढंग से' आदि। 'चार घड़ी उपरान्त' की जगह 'चार घड़ी उपर्य्यन्त' हो ही नहीं सकता; शब्द बदल कर 'चार घड़ी के बाद' कह सकते हैं। परन्तु तो भी, 'उपरान्त' और 'बाद' या 'अनन्तर' के प्रयोगों में अर्थ-भेद है। कुछ लोग कहते हैं कि संस्कृत 'उक्त' से असंस्कृत 'उपरि' का समास ठीक नहीं। वे 'उपरोक्त' को इसीलिए गलत कहने की गलती करते हैं। 'उपर' की बात छोड़िए, हिन्दी तो अरबी 'जिला' शब्द से संस्कृत 'अधीश' शब्द का समास करती है—'जिलाधीश'। 'कांग्रेस-अध्यक्ष' अंग्रेजी-हिन्दी शब्दों का समास है—कांग्रेस के अध्यक्ष—'कांग्रेस-अध्यक्ष'। क्या यह गलत है? 'कांग्रेस-प्रेजीडेंट' हिन्दी चलाए? 'कॉंग्रेस' शब्द बदल न सकेंगे।

तब 'काँग्रेस-प्रेजीडेंट' चले क्या? परन्तु हाँ, सन्धि ठीक नहीं लगती—'काँग्रेसाध्यक्ष' बुरा लगता है। 'जिलाधीश' बुरा नहीं लगता। कारण क्या है? कारण यह कि 'जिलाधीश' कहने में 'जिला' शब्द ज्यों का त्यों सुनाई देता है और जहाँ 'सवर्णदीर्घ' सन्धि होती है, वहाँ के लोग 'अधीश' विच्छेद कर लेते हैं; क्योंकि 'धीश' कोई चीज ही नहीं। 'गुणाकर' 'रत्नाकर' आदि में सन्धि अच्छी लगती है; क्योंकि 'गुण' 'रत्न' और 'आकर' शब्द वहाँ के हैं, जहाँ 'सवर्ण-दीर्घ' सन्धि होती है। 'जिला' वाले देश में 'सवर्ण-दीर्घ' सन्धि नहीं होती; पर 'जिलाधीश' में 'जिला' साफ-साफ सुन पड़ता है; इसलिए बुरा नहीं लगता। 'जिलेश' न होगा; क्योंकि विदेशी शब्द कुछ का कुछ बन गया। 'जिला' को 'जिले' रूप अरब में नहीं मिलता। इसलिए हिन्दी 'जिलेश' पसन्द नहीं करती; यद्यपि 'जिलाधीश' इस लम्बे शब्द की अपेक्षा 'जिलेश' छोटा-सा चुस्त शब्द अच्छा रहता। 'जिला' ज्यों का त्यों श्रुत होना चाहिए, यह हिन्दी चाहती है। यही बात 'कांग्रेस-अध्यक्ष' आदि में है। समास करने पर भी 'कांग्रेस' ज्यों का त्यों श्रुत है। परन्तु सन्धि कर देने पर वह कुछ का कुछ बन जाएगा—'काँग्रेसाध्यक्ष'। 'काँग्रेसा' रूप 'काँग्रेस' का अंग्रेजी में नहीं होता, कभी भी। हिन्दी-संस्कृत में 'रत्नाकर' आदि में 'रत्न' का 'रत्ना' खराब नहीं लगता; क्योंकि आगे 'आकर' के 'आ' से सन्धि यहाँ की प्रकृति में है। इसी तरह 'स्टेशनाध्यक्ष' जैसे शब्द भद्दे हैं। 'स्टेशन-अध्यक्ष' चाहिए। 'स्टेशन' का 'स्टेशना' रूप भद्दा लगता है। 'स्टेशन मास्टर' सब समझते हैं, क्या बुरा? 'स्टेशन-अध्यक्ष' भी सही; पर 'स्टेशनाध्यक्ष' भद्दा, बुरा, गलत। इसी तरह 'घराधिपति' न होगा; 'गृहाधिपति' होता है। 'घर' का 'घरा' रूप ठीक नहीं। 'सवर्ण' दीर्घ' संस्कृत की सन्धि है।

सन्धि में सर्वत्र श्रुति-सरलता तथा सुबोधता का ध्यान रखना होता है। इसीलिए 'अरि-अन्त न जब तक होगा' ठीक; 'अर्यन्त' या 'अर्य्यन्त' सन्धि करके नहीं ठीक। लड़कियों की संस्था का नाम 'छात्रा-आश्रम' ठीक; 'छात्राश्रम' नहीं ठीक। 'आलोचक की कवि से सहानुभूति होनी चाहिए, उसके काव्य की आलोचना करते समय में' 'सहानुभूति' गलत, 'सह-अनुभूति' ठीक। 'सहानुभूति' और 'सह-अनुभूति' में अन्तर है। स्पष्टता के लिए संस्कृत ने भी कहीं-कहीं सन्धि-निषेध कर दिया है—'प्रकृत्या' रहने का विधान किया है। परन्तु फिर भी, वहाँ सन्धि-नियम व्यापक हैं। हिन्दी में सन्धि-नियमों की वैसी अनिवार्यता नहीं है। संस्कृत में 'सुअवसर' कभी भी न होगा; पर हिन्दी से यह हटाया नहीं जा सकता। केवल 'अवसर' में वह बात नहीं। सन्धि कर के 'स्ववसर' कर देने से सब चौपट! इसीलिए 'अवसर' जैसे शब्द के साथ संस्कृत भाषा 'सु' को नहीं जोड़ती! सन्धि वहाँ जरूरी और 'स्ववसर' पसन्द नहीं। हिन्दी ने उस अनिवार्यता को उड़ा दिया और 'सुअवसर' मजे से यहाँ चल रहा है। इसी तरह 'काँग्रेस-अधिवेशन' समस्त शब्द चाहिए, सन्धि करके 'काँग्रेसाधिवेशन' नहीं। संस्कृतेतर शब्द अलग दिखाई दे, यह हिन्दी को

अभीष्ट है। हिन्दी भी संस्कृत से भिन्न भाषा है।

संस्कृत शब्दों का समास भी हिन्दी अपनी पद्धति पर करती है। हम पहले कह आए हैं कि संस्कृत तत्सम शब्द हिन्दी ने एक सुनिश्चित पद्धति पर लिए हैं–प्रथमा विभक्ति का एक वचन रूप लेकर हिन्दी ने अपना 'प्रातिपदिक' बनाया है; परन्तु इस बात का ध्यान रखकर कि अन्त में विसर्ग या व्यंजन न आने पाए। 'रामः' का 'राम' लिया। संस्कृत का प्रातिपदिक नहीं लिया है–'राम' नहीं लिया। 'राम' का 'रामः' पद बन जाने पर उसके विसर्ग अलग करके 'राम' अपना प्रातिपदिक हिन्दी ने बनाया। यह घुमाकर नाक क्यों पकड़ी? एक नियम बनाने के लिए। संस्कृत प्रातिपदिक 'गो' शब्द है, जिसके अन्त में न 'ऋ' है, न व्यंजन, न विसर्ग! परन्तु इस प्रातिपदिक को हिन्दी ने अपना प्रातिपदिक नहीं बनाया। 'गो का सम्मान करना चाहिए' गलत प्रयोग है। 'गौ का सम्मान करना चाहिए' शुद्ध प्रयोग है। 'गौ' हिन्दी का प्रातिपदिक है। संस्कृत 'गो' प्रातिपदिक का रूप प्रथमा एकवचन में 'गौः' होता है। हिन्दी ने इसके विसर्ग छाँट कर 'गौ' लिया; 'गौ' को अपना प्रातिपदिक बनाया। 'गोशाला' 'गोसेवा' आदि संस्कृत के समस्त (बने-बनाए) शब्द हिन्दी ने ले लिए हैं। वहाँ 'गो-सेवा' शब्द बनता है–'गो' प्रातिपदिक है। इसी तरह 'पितृसेवा' 'मातृसेवा' आदि संस्कृत के समस्त शब्द तत्सम रूप से हिन्दी में गृहीत हैं। 'गो-सेवा' 'मातृ-सेवा' 'पितृ-सेवा' जैसे शब्द अपढ़ किसान-मजदूर भी समझ लेता है। परन्तु–

'नेतृ-निर्वाचन' आदि

विचारणीय हैं। 'नेतृ-निर्वाचन' वैसा नहीं समझ पाते साधारण जन, जैसा 'मातृसेवा' आदि। इसलिए हिन्दी के 'अपने' प्रातिपदिक 'नेता' के साथ 'निर्वाचन' का समास करके–

'नेता-निर्वाचन' अधिक अच्छा

नेता-निर्वाचन संस्कृत में गलत होगा; क्योंकि वहाँ प्रातिपदिक है 'नेतृ'। 'नेतृ' में ही सब विभक्तियाँ लगती हैं। हिन्दी में 'नेता' प्रातिपदिक है। 'नेता कहता है' प्रयोग होता है, 'नेता ने कहा' चलता है। 'नेतृ ने कहा' नहीं। जनता 'नेता' समझती है, 'नेतृ' नहीं। सो, अपने प्रातिपदिक 'नेता' के साथ 'निर्वाचन' का समास ठीक–'नेता-निर्वाचन'। पुरानी कृतियों में भी 'पिता-वचन' जैसे समस्त प्रयोग मिलते हैं, 'पितृ-वचन' नहीं। परन्तु फिर भी 'पितृ-वचन' आदि शब्द सब समझ लेते हैं–'पितृपक्ष' 'पितृश्राद्ध' आदि परम्परा से सुनते आए हैं।

कोई अति संस्कृतभक्त कह सकता है कि संस्कृत शब्दों का समास, संस्कृत-पद्धति पर, संस्कृत प्रातिपदिकों से ही होना चाहिए। वह फिर 'नेता-निर्वाचन' को गलत भी कह सकता है; क्योंकि संस्कृत-व्याकरण का यहाँ अनुगमन नहीं है। तब हम क्या कहें! अपनी मर्जी! ऐसे लोग तब 'शर्मा-स्मृतिमन्दिर'

की जगह 'शर्मस्मृतिमन्दिर' लिखें-बोलेंगे; क्योंकि 'शर्मा-स्मृतिमन्दिर' संस्कृत-व्याकरण से गलत है। 'राजन्' की तरह 'शर्मन्' संस्कृत का प्रातिपदिक है। समास में अन्त्य व्यंजन का लोप करके जैसे 'राजमन्दिर', उसी तरह 'शर्म स्मृति-मन्दिर'! ठीक है? 'वर्मा-चित्रालय' को भी गलत बतला कर 'वर्म-चित्रालय' चलाएँगे क्या? वर्मा जी पसन्द करेंगे? 'शर्म' और 'शर्मा' में अन्तर है और 'वर्म'-'वर्मा' में अन्तर है। इसीलिए हिन्दी ने पु. 'शर्मन्' का 'शर्मा' लेकर अपना प्रातिपदिक बनाया और सं. नंपु. 'शर्मन्' (कल्याण) का 'शर्म' लिया, यदि कहीं आए—'शर्मदा'। 'शर्म-मन्दिर' चलता नहीं। कल्याण-मन्दिर चलता है। हिन्दी में 'शर्मा-मन्दिर' माने—शर्मा जी का घर।

सो, जैसे 'शर्मा-निवास', उसी तरह 'नेता-निवास'। 'नेतृ-निवास' ठीक नहीं। ये सब हिन्दी की प्रकृति से सम्बन्ध रखनेवाली बातें हैं। इन्हें न जानने-समझने के कारण ही लोग—

'छन्दाकर' को गलत कह देते हैं!

'छन्दाकर' हिन्दी के एक ग्रन्थ का नाम है। इस 'छन्दाकर' को संस्कृताभिनिवेशी हिन्दी-प्रेमी गलत या प्रामादिक समझते हैं! संस्कृत-व्याकरण के अनुसार 'छन्दस्' प्रातिपदिक का 'आकर' के साथ समास होने पर अन्त्य व्यंजन का लोप और फिर 'सवर्ण-दीर्घ' सन्धि का अभाव—'छन्दआकर' रूप होगा—'छन्दआकर' वहाँ लिखा जाता है। परन्तु हिन्दी में तो न 'छन्दस्' प्रातिपदिक है, न 'छन्दः' पद है। यहाँ तो 'छन्द' प्रातिपदिक है। 'छन्द ने' आनन्द दिया, 'छन्दः ने' या 'छन्द्स ने' नहीं। तब, अपने 'छन्द' अकारान्त प्रातिपदिक का हिन्दी यदि 'आकर' से समास करे, तो सवर्ण-दीर्घ सन्धि को कौन मना करेगा? हिन्दी तो विदेशी शब्द में भी सन्धि करके 'जिलाधीश' बना लेती है! तब 'अपने' प्रातिपदिक 'छन्द' से 'आकर' की सन्धि करने पर क्या आपत्ति? और, संस्कृत-नियम हिन्दी में भी चलाकर 'शर्म-भवन' नहीं कर सकते, तो क्वचित् सन्धि-अभाव का नियम मानकर हिन्दी में 'छन्द-आकर' ही करने पर जोर क्यों? हम 'छन्द-आकर' भी कहेंगे, तो हिन्दी के 'छन्द' को मानकर। परन्तु पुस्तक का नाम तो समस्त 'छन्दाकर' ही ठीक होगा। 'हिन्दी की मीमांसा' हम करते हैं; पर पुस्तक का नाम 'हिन्दी-मीमांसा' ही अच्छा लगेगा, 'हिन्दी की मीमांसा' उतना अच्छा नहीं; यद्यपि 'हिन्दी का व्याकरण' अच्छा। फिर, हिन्दी में आप बोलेंगे—''हिन्दी में 'छन्दआकर' भ्रम पैदा करता है'', तो सुननेवाले यह भी समझ सकते हैं कि हिन्दी में छन्द (आकर) भ्रम डालते हैं, स्वच्छन्द बेतुकी ठीक। आप एक पुस्तक के सम्बन्ध में कह रहे हैं, सुननेवाले कुछ और समझ सकते हैं। फिर, 'छन्द-चर्चा चली' जैसे प्रयोगों को क्या करेंगे? संस्कृत में तो 'छन्दश्चर्चा' है। तो, क्या हिन्दी में 'छन्द-चर्चा' गलत? 'छन्दार्णव' गलत, 'छन्दोऽर्णव' ठीक? आपको 'छन्दश्चर्चा' और 'छन्दोऽर्णव' हिन्दी में अच्छे लगते हैं,

तो अच्छी बात है। हम इन्हें गलत नहीं कहते। संस्कृत के तत्सम समस्त शब्द हैं। परन्तु 'नेता-निर्वाचन' 'छन्दाकर' 'छन्दार्णव' आदि को यदि आप हिन्दी में गलत बतलाने की गलती करेंगे, तो लोग आपके भाषा-ज्ञान पर हँसेंगे।

सारांश यह कि हिन्दी का विवेचन हिन्दी की प्रकृति के आधार पर ही होगा। कुछ लोग हिन्दी के 'मनोकामना' और 'मूसलाधार वर्षा' को भी गलत बतलाया करते हैं! कहते हैं, ये सन्धियाँ संस्कृत-व्याकरण से गलत हैं; इसलिए हिन्दी में गलत हैं! यानी माधव जो यह कोट पहने है, सो ठीक नहीं; क्योंकि ऊधव के ढीला आता है, जमकर नहीं बैठता! वे कहते हैं—'मनः कामना' लिखना चाहिए! परन्तु 'मनः कामना' तो संस्कृत में चलता नहीं, 'कामना' ही सर्वत्र चलता है। तुलसी ने 'मनकामना' का प्रयोग किया है—'पूजै मनकामना'। यानी हिन्दी-प्रातिपदिक 'मन' से ('मनस्' से नहीं) 'कामना' का समास—'मनकामना'। हमने पहले बतलाया कि हिन्दी की अपनी स्वतन्त्र पद्धति है। 'मनकामना' का प्रयोग तुलसी ने स्त्री-सम्बन्ध से ही किया है। स्त्रियाँ ही 'मनोकामना' शब्द का प्रयोग ज्यादा करती हैं। ऐसी कामना, जो मन में ही रहती है, बाहर प्रकट नहीं होती। या, मन की सबसे बड़ी कामना। 'तुम्हारी मनोकामना पूरी हो' में जो बात है, वह 'तुम्हारी कामना पूरी हो' में नहीं है और 'मनः कामना' तो एकदम नहीं जमता। विशेष अर्थ में 'मनोकामना' शब्द बना है। यहाँ समझना चाहिए कि 'मन' के अन्त्य 'अ' को 'ओ' हो गया है। संस्कृत 'मनस्' के 'स्' को 'रु' और फिर 'उ' होकर 'मन' के 'न' में जो 'अ' है, उसके साथ 'गुण'-सन्धि की लम्बी झंझट यहाँ नहीं है। यानी यह 'मनः कामना' का अपभ्रंश नहीं है। संस्कृत में भी अर्थ-विशेष में नियम-व्यत्यय या नये नियम का निर्माण देखा जाता है। ऋषि 'विश्वामित्र' क्या विश्व के अमित्र (शत्रु) थे? 'विश्वामित्र' में सन्धि-विच्छेद करने से ऐसा ही लगता है। पाणिनि ने यह नहीं कहा कि 'विश्वामित्र' गलत है, ऋषि को 'विश्वमित्र' कहना चाहिए! उन्होंने कहा कि ऋषि के नाम में 'विश्व' शब्द के अन्त्य 'अ' को दीर्घता प्राप्त हो जाती है, यदि परे 'मित्र' शब्द हो—'मित्रे चर्षौ। यानी प्रवाहप्राप्त 'विश्वामित्र' शब्द को बदलने की चेष्टा पाणिनि ने नहीं की, एक नया सूत्र दिया। इसी तरह 'हरिचन्द्र' की जगह एक राजा का नाम 'हरिश्चन्द्र' भी पाणिनि ने गलत नहीं बतलाया; पर यह भी छूट न दी कि 'विश्वामित्र' की नकल आगे चले और 'सर्वमित्र' को लोग 'सर्वामित्र' कर दें, 'विधिचन्द्र' को 'विधिश्चन्द्र' कर दें। 'विश्वामित्र', 'हरिश्चन्द्र' आदि के प्रसार पर नियन्त्रण जरूर किया और कहा कि लोगों को अपने बच्चों के नाम 'विश्वमित्र' जैसे रखने चाहिए, 'विश्वामित्र' जैसे नहीं। 'विश्वामित्र' नाम रखोगे, तो 'संसार के शत्रु' अर्थ होगा। हिन्दी के 'मनोकामना' तथा 'मूसलाधार' (वर्षा) आदि ऐसे ही शब्द हैं। इन्हें बदला नहीं जा सकता। इनकी देखभाल संस्कृत-व्याकरण से न होगी। कहना चाहिए कि 'मनोकामना' में 'अ' को 'ओ'

हो गया है और 'मूसलाधार' में 'ल' का 'अ' दीर्घ होकर 'ला' बन गया है। 'मूसलधार' कोई न बोलेगा। 'द्वारावती' और 'पद्मावती' को संस्कृत में 'द्वारवती पुरी' और 'पद्मवती रानी' नहीं कर दिया गया। समझा दिया गया कि संज्ञाओं के अन्त्य 'अ' को दीर्घ हो जाता है, यदि 'वती' (वत् + ई) परे हो। इसी तरह 'मूसलाधार' है। संस्कृत में क-ख तथा प-फ परे हों, तो विसर्ग ज्यों-के-त्यों रहते हैं—'रामः कमनीयः' आदि। परन्तु 'पुरस्कार' में बात दूसरी है। भाषा-प्रवाह में 'पुरस्कार' बना-चला और पाणिनि ने फिर इसका समर्थन किया। यह नहीं कहा कि 'पुरस्कार' गलत है, 'पुरःकार' लिखना चाहिए! हिन्दी में 'मनोकामना' को मिटाकर जो लोग 'मनः कामना' चलाना चाहते हैं, वे पाणिनि के भी गुरु हैं, भगीरथ के भी दादा! गंगा पूरब को नहीं, दक्षिण को जानी चाहिए! ले जाई जाएगी! ले जाओ भाई!

हमने 'मनोकामना' तथा 'मूसलाधार' के सम्बन्ध में जो बात कही, वह 'स्त्रियोपयोगी' जैसे शब्दों के सम्बन्ध में नहीं कही जा सकती। 'मनोकामना' और 'मूसलाधार' शब्द जनगृहीत हैं। अपढ़ जनों में भी ये प्रयोग चलते हैं। परन्तु 'स्त्रियोपयोगी' ऐसा नहीं। साधारण अपढ़ जनता 'स्त्रियोपयोगी' जानती नहीं। पढ़े-लिखे लोग 'स्त्रियोपयोगी' पुस्तकें लिखते-बेचते हैं और इसीलिए यह गलत है। 'स्त्री-उपयोगी' लिखना चाहिए, सन्धि किए बिना। शुद्ध सन्धि करके 'स्त्र्युपयोगी' कर देने से सुबोधता जाती रहेगी। उच्चारण में भी कठिन है। इस लिए 'स्त्री-उपयोगी' ठीक; या फिर और कोई शब्द दीजिए। 'स्त्रियोपयोगी' गलत है। यह जनता के प्रवाह में नहीं है, जैसे 'मनोकामना' और 'मूसलाधार' आदि हैं।

इसी तरह 'संसद्-सदस्य' लिखना ठीक। सन्धि करके 'संसत्सदस्य' कर देने से दुर्बोधता आ जाती है। लोग 'संसद्' समझते हैं, 'सदस्य' भी समझते हैं; पर 'संसत्सदस्य' झमेले का शब्द है। परन्तु यदि आप 'संसत्सदस्य' ही लिखें, तो हम गलत न कहेंगे। 'संस्कृत तत्सम' कहकर चुप रहेंगे। हिन्दी में 'श्रीमच्छङ्कराचार्य ने कहा है' ऐसा लिखना क्या ठीक है? 'मच्छ' आदि के भ्रम! 'श्रीमान् शंकराचार्य' लिखें, सन्धि-समास न करें, तो क्या कुछ कमी आ जाएगी? हिन्दी की प्रकृति अधिक सन्धि-समास के पक्ष में नहीं और कठिनता तो एकदम सह्य नहीं। संस्कृत में भी उच्चारण-सौकर्य तथा सुबोधता आदि पर ध्यान रखा जाता है। 'चतुरता' बोला जाता है; पर 'पण्डितता' नहीं। बोलने में अटपटा लगता है। 'पाण्डित्य' चलता है।

सो, समास, तद्धित, कृदन्त आदि में हिन्दी की अपनी पद्धति है और सन्धि-सम्बन्धी अपनी मान्यताएँ हैं। हिन्दी सर्वाधिक संस्कृत से अनुप्राणित है; परन्तु अपना व्यक्तित्व भी रखती है। हिन्दी में 'प्रथम' और 'पहला' दोनों ही शब्द चलते हैं। 'पहला' शब्द का विकास भी 'प्रथमः' से ही है। इसी तरह 'दूसरा-तीसरा' के साथ 'द्वितीय-तृतीय' भी। 'पाँचवाँ' आदि तो 'पंचमः' आदि के विकास ही हैं। 'षष्ठः' का विकास 'छठा' है, जिसे गलती से लोग 'छठवाँ' लिख देते हैं, 'पाँचवाँ'

के वजन पर! यही नहीं, हम ने 'षष्ठम अध्याय' भी हिन्दी की एक पुस्तक में देखा है! ये 'छठवाँ', 'छठाँ' और 'षष्ठम', 'षष्ठम्' जैसे शब्द मूर्खता-द्योतक हैं। साधारण जन कभी भी 'छठवाँ'-'छठाँ' नहीं बोलते। वे 'छठा' का स्त्रीलिंग 'छठी' करते हैं, 'छठवीं' नहीं। 'छठा'-'छठी' में 'छह' का 'छ' रह गया है, जैसे 'तिरंगा-तिरंगी' में 'तीन' का 'ति'। तद्धित आदि में ऐसा होता है। कृदन्त में भी—'छाँट' धातु का 'छँटनी'। आद्य स्वर ह्रस्व। 'छटनी' लिखना गलत है। धातु 'छाँट' है, न कि 'छाट'। **पूछ** बड़ों की होती है और **पूँछ** जानवरों की होती है। अनुनासिक-अननुनासिक से चीज बदल जाती है। 'सास' और 'साँस' में अन्तर है। 'आँख' से 'अँखियाँ' होगा, 'अखियाँ' नहीं। कोई-कोई भूल से 'भीतरीय' लिख देते हैं। 'भीतरी' चाहिए। 'ईय' संस्कृत शब्दों में लगता है। इसी तरह 'पाश्चात्य' देखकर लोग 'पौर्वात्य' गलत लिख देते हैं। ये सब बच्चों की सी गलतियाँ हैं।

हिन्दी में 'ञ' 'ण' और 'ङ'

हिन्दी की प्रकृति ने 'ञ', 'ण' तथा 'ङ' अनुनासिक वर्ण आत्मसात् नहीं किए हैं। संस्कृत तत्सम 'कारण', 'चञ्चल' आदि में ही इन के दर्शन होते हैं। संस्कृत में भी ऐसे शब्द दुर्लभ हैं, जिनके अन्त में 'ञ' जैसे वर्ण हों। आदि में 'ञ-ण' का मिलना तो असम्भव ही है! हाँ, संस्कृत से ठीक उलटे प्राकृत में णकारादि शब्दों की भरमार है! फिर भी उसमें लोगों को मिठास मिलता है। होगा! पर संस्कृत में णकारादि तथा ञकारादि शब्द नहीं हैं। अन्त में भी ये शब्द नहीं मिलते! उदाहरण के लिए 'सुगण्' बना लिया गया! 'कारण' आदि में अन्त्य 'अ' है, ण् नहीं। इसी तरह 'ङ' की स्थिति है। यह भी आदि में नहीं। अन्त में 'प्रत्यङ्' जैसी जगह मिल जाता है। प्राकृत में 'ण' की भरमार है; पर 'ञ' तथा 'ङ' वहाँ भी अग्राह्य-से ही हैं। और हिन्दी ने तो 'ण', 'ञ' और 'ङ' अनुनासिक वर्ण लिए ही नहीं। हिन्दी के 'अपने' शब्दों में ये वर्ण न मिलेंगे (और तद्भव शब्दों में भी नहीं)। 'न' तथा 'म' का ग्रहण यहाँ है। 'चमकता है' में 'म' है। 'मचलता है' में आदि में 'म' है। 'थमता' है की धातु 'थम' में अन्त्य 'म' है। इसी तरह 'न' मिलेगा। परन्तु ऐसा कोई शब्द न मिलेगा, जिसमें ण, ञ या ङ वर्ण हो। इनकी जगह अनुस्वार चलता है। संस्कृतेतर अन्य भाषाओं में भी इन तीनों वर्णों की स्थिति नहीं है; पर 'न' तथा 'म' सर्वत्र हैं। अंग्रेजी में भी 'न' और 'म' ही हैं (N-M)। कहीं भी उपर्युक्त वे तीन वर्ण नहीं। संस्कृत में वे तीनों वर्ण हैं और छोड़े नहीं जा सकते। काम ही न चलेगा। संस्कृत तद्रूप शब्द भी हिन्दी लेती-चलाती है और उन शब्दों में वे वर्ण भी रहते हैं। परन्तु किञ्चित तद्भवता भी कहीं मिल जाती है—अर्द्धतत्सम समझिए—कंकण<कङ्कण, चंचल<चञ्चल और मंडन<मण्डन आदि उभयथा चलते हैं। परन्तु ठेठ हिन्दी के शब्दों में, या अन्य भाषाओं के गृहीत शब्दों में ण, ङ,

म, न रहेंगे। अन्य भाषाओं में ये हैं ही नहीं! इसलिए ऐसा लिखना गलत है—

झण्डा, घमण्ड, टण्डन, सुपरिण्टेण्डेण्ट, नङ्गा, भिखमङ्गा, लफङ्गा, लञ्च आदि।

लिखना चाहिए—झंडा, घमंड, टंडन, सुपरिंटेंडेंट, नंगा, भिखमंगा, लफंगा, लंच आदि। हिन्दी की प्रकृति-प्रवृत्ति का ध्यान रखना ही होगा।

कुछ लोग 'न' और 'म' का भी बहिष्कार कर देते हैं, सर्वत्र अनुस्वार! 'दंत', 'पंप' जैसे शब्द ये लिखते हैं, जो गलती है। 'दन्त', 'पम्प' चाहिए; क्योंकि हिन्दी में 'न', 'म' गृहीत हैं और यथाश्रुत लिखने की प्रवृत्ति है। शब्द के आदि, मध्य और अन्त, सर्वत्र न-म का प्रवेश है। 'न्यारा' 'म्यान' आदि में संयुक्त रूप भी है। इसलिए 'दंत' 'पंप' ठीक नहीं। न और म का यथाश्रुत प्रयोग चाहिए। उन तीनों वर्णों की स्थिति दूसरी है। उनके साथ इन्हें, या इनके साथ उन्हें न गिनना चाहिए।

बस, दिक्-निर्देश के लिए इतना पर्याप्त है। 'दिङ्-निर्देश' लिखना मुझे आता है; पर हिन्दी में 'दिक्-निर्देश' या 'दिशानिर्देश' चलेगा, चलना चाहिए। स्पष्ट है।

इस अध्याय का यह अन्तिम अंश समाप्त करने से पहले हमें—

'चारसूत्री कार्यक्रम' और 'तीन दिवसीय' अधिवेशन जैसे समास-तद्धितों पर भी एक नजर डालने की जरूरत है।

'सूत्र' के साथ 'चार' शब्द का समास करके 'चारसूत्री' शब्द बनाना-लिखना गलती है और इसी तरह 'दोसूत्री' 'तीनसूत्री' और 'दो दिवसीय' 'तीन दिवसीय' आदि गलत हैं। चाहिए—द्विसूत्रीय, द्विसूत्री, त्रिसूत्रीय, त्रिसूत्री, द्विदिवसीय, त्रिदिवसीय आदि। 'दो' और 'तीन' आदि शब्दों के साथ 'सूत्र' आदि का समास न होगा। हाँ, 'सूत' के साथ हो सकता है; पर 'सूत' का वह अर्थ न होगा, जो 'द्विसूत्री' में 'सूत्र' का है। फिर समास में 'दो' का 'दु' हो जाता है—'दुसूती'। 'दुसूती' एक कपड़ा होता है, बँटे हुए (डबल) सूत से बना हुआ। इसी तरह 'तीन' का 'ति' और 'चार' का 'चौ' हो जाता है। पर 'चौसूत्री' 'तिसूत्री' से मतलब ही न निकलेगा; इसलिए लिखना चाहिए, 'द्विसूत्री कार्यक्रम', 'द्विसूत्रीय कार्यक्रम', 'त्रिदिवसीय अधिवेशन' आदि। जो 'सूत्र' का वह अभीष्ट अर्थ समझता है, वह 'द्वि', 'त्रि' आदि का अर्थ भी समझ सकता है। 'द्विदिवसीय' संस्कृत तत्सम और 'द्विसूत्री' हिन्दी में संस्कृत का अर्द्ध-तत्सम रूप समझिए। 'द्वि' और 'सूत्र' संस्कृत तत्मस शब्द और आगे 'ई' 'अपना' तद्धित प्रत्यय—'द्विसूत्री'। संस्कृत शब्दों में भी हिन्दी अपने तद्धित प्रत्यय कभी-कहीं लगाती है—'सावधानी'। 'सावधान' संस्कृत शब्द और 'ई' हिन्दी का भाव-तद्धित प्रत्यय। परन्तु 'सावधानी' की तरह 'चतुर' से 'चतुरी' नहीं बन सकता, न 'पंडित' से 'पंडिती' बनेगा। भाषा ने जिसे जैसा ग्रहण कर लिया। 'द्विसूत्रीय'-'द्विसूत्री' दोनों सही; पर 'द्विदिवसी' न होगा—'द्विदिवसीय' ही रहेगा। इसी तरह 'त्रिदिवसीय' आदि।

तृतीय अध्याय

संस्कृत से शब्द ग्रहण करने की पद्धति

पहले बताया गया कि हिन्दी संस्कृत के शब्द किस पद्धति पर ग्रहण करती है। प्रथमा-विभक्ति के एकवचन रूप लेकर हिन्दी ने उन्हें 'अपना' प्रातिपदिक बनाया है–पितृ>पिता, राजन्>राजा, कर्मन्>कर्म आदि। परन्तु प्रथमा-एकवचन में यदि (अन्त में) विसर्ग या व्यंजन हुए, तो उन्हें हिन्दी ने अलग कर दिया है–रामः>राम, कविः>कवि, चन्द्रमाः>चन्द्रमा, नभः>नभ, सरित्>सरि आदि। विसर्ग अधिक छाँटे हैं और व्यंजनान्त पदों के व्यंजन छाँटने की अपेक्षा दूसरे स्वरान्त शब्द ग्रहण किए हैं। 'दिश्' और 'दिशा' प्रातिपदिक संस्कृत के हैं। प्रथमा-एकवचन में 'दिश्' का रूप 'दिक्' होता है और 'दिशा' का 'दिशा' ही रहता है। हिन्दी ने 'दिक्' को न 'दिक' कर के लिया, न 'दिग' करके ही। 'दिशा' ले लिया। 'पश्चिम **दिक्** में भी बहुत पर्वत हैं' प्रयोग गलत है–'पश्चिम **दिशा में**' सही है। हिन्दी ने 'दिक्' को अपना प्रातिपदिक नहीं बनाया। हाँ, 'दिक्-निर्देश' आदि रूप से वह आता है, समास आदि में। पर अन्त में न आएगा–'पूर्व-**दिक्** से आँधी आई' न होगा, 'पूर्व दिशा से आँधी आई' होगा। प्रथमा-एकवचन का ध्यान रखकर ही 'गो' प्रातिपदिक हिन्दी ने नहीं लिया। 'गौः' प्रथमा-एकवचन के विसर्ग अलग करके 'गौ' को अपना प्रातिपदिक बनाया। 'धनुष्' के ग्रहण में द्विधा प्रवृत्ति है। 'ष्' को सस्वर करके 'धनुष' हिन्दी प्रातिपदिक और या फिर प्रथमा-एकवचन 'धनुः' के विसर्ग हटाकर 'धनु' का ग्रहण। 'धनुष' आधुनिक प्रवृत्ति है। हिन्दी-प्रकृति में मूर्द्धन्य 'ष' गृहीत नहीं। पहले 'धनुस' होगा, जिसके 'स' को 'ह' करके 'धनुही'। परन्तु अब 'धनुष' चलता है, कहीं 'आयुष' भी। 'आयुष' के व्यंजन को सस्वर कर लिया। परन्तु अधिक प्रवृत्ति 'आयु' की है। प्रथमा-एकवचन 'आयुः' के विसर्ग हटा दिए और चीज अपनी 'आयु'। 'हविष्' का 'हविष' भी गृहीत है, 'हवि' (<'हविः') कम दिखाई देता है। यानी 'ष' जिन शब्दों के अन्त में है, उन्हें अकारान्त

कर लेने की प्रवृत्ति नजर आती है। सरित्-सरिता इन दो रूपों में से 'सरिता' प्रातिपदिक रूप से गृहीत है–'सरिताएँ बह रही थीं'–'सरितें' नहीं। 'सरिता बह रही थी' 'सरित् बह रही थी' नहीं। 'वाक्' न लेकर हिन्दी ने 'वाणी' को अपना प्रातिपदिक बनाया। 'मीठी वाणी ने मोह लिया'। 'मीठी वाक् ने मोह लिया' गलत होगा। हाँ, ''वाग्-देवता (या 'वाक्-देवता') की आराधना से सिद्धि प्राप्त हुई'' यहाँ 'वाक्' या 'वाग्' ठीक। प्रातिपदिकत्व पर विवेक है। 'विपत्-विपद्' न लेकर 'विपत्ति' प्रातिपदिक रूप से हिन्दी ने लिया। 'बिपत्ति से मनुष्य घबरा जाता है' 'विपत् से' नहीं। हाँ, 'बिपदा' 'आपदा' कविता में चलते हैं। यह प्रातिपदिक ग्रहण करने की सामान्य पद्धति है।

इसी तरह संस्कृत से विशेषण लेने की भी एक विशिष्ट पद्धति है और भाववाचक–

विस्तार-विस्तर

आदि के ग्रहण-त्याग में भी विवेक है। संस्कृत में 'विस्तार' तथा 'विस्तर' ये दो शब्द हैं। दोनों एक ही धातु से एक ही पद्धति पर हैं। परन्तु इनके प्रयोग-क्षेत्र संस्कृत में बँटे हुए हैं। 'विस्तार' का क्षेत्र व्यापक है, 'विस्तर' का संकुचित। यह विस्तार-संकोच इनके स्वरूपों से भी ध्वनित होता है। 'विस्तार' में रूप-विस्तार है और 'विस्तर' में संकोच। 'नद्याः विस्तारः'–नदी का विस्तार, 'वनस्य विस्तारः'–वन का विस्तार, 'वस्त्रस्य विस्तारः'–वस्त्र का विस्तार आदि सर्वत्र 'विस्तार' चलता है; पर शब्द-सम्बन्धी विस्तार के लिए (संस्कृत में) 'विस्तर' चलता है–'विस्तरेण तत् प्रतिपादितम्'–वह विस्तार से प्रतिपादित किया गया है। संस्कृत के 'विस्तरेण' का अनुवाद हिन्दी में 'विस्तार से' होगा, 'विस्तर से' नहीं। संस्कृत में 'विस्तारेण प्रतिपादितम्' गलत होगा, 'विस्तरेण' सही और हिन्दी में 'विस्तार से' शुद्ध, 'विस्तर' से गलत। यानी हिन्दी ने संस्कृत का 'विस्तर' शब्द प्रयोग-विशेष के लिए नहीं लिया। 'विस्तार' का ही सर्वत्र विस्तार यहाँ है। यह है सरलता का मार्ग। अब यदि कोई कहे कि 'विस्तरेण मया प्रोक्तम्' का अनुवाद 'विस्तर से मैंने कहा' होना चाहिए; क्योंकि संस्कृत में शब्द-सम्बन्धी विस्तार के लिए 'विस्तर' शब्द है, 'विस्तार' नहीं, तो आप क्या कहेंगे? यही कहना होगा कि संस्कृत में वैसा होता होगा! हिन्दी में 'विस्तर' न चलेगा। यहाँ सर्वत्र 'विस्तार' चलेगा। यही गृहीत है।

हिन्दी ने 'विस्तार' इसलिए लिया कि यह एक व्यापक पद्धति पर है। 'विस्तर' ले लेने से लोग 'प्रकार' को 'प्रकर' और 'विकार' को 'विकर' लिखने लगते! तब क्या होता? इसीलिए, प्रकार, विकार, प्रस्तार, विचार, आचार आदि की लाइन में 'विस्तार'। यह सरलता की पद्धति है। हिन्दी की इस प्रकृति से अनभिज्ञ होने के कारण कुछ लोगों ने–

'हिन्दी में जागर्ति'

लिखना शुरू किया! बोले—संस्कृत में 'जागर्ति' होता है! होता होगा! हिन्दी एक शब्द के झमेले में क्यों पड़े? लोग फिर 'स्मृति' को 'स्मार्ति' और 'कृति' को 'कर्ति' लिखने लगें, तो? क्या सभी लोग पहले संस्कृत का महाव्याकरण पढ़कर आएँ, तब हिन्दी लिखें-बोलें? हिन्दी में 'जागृति' गृहीत है, 'कृति' आदि की लाइन पर। 'जागर्ति' यहाँ उसी तरह गलत है, जैसे 'विस्तर से सिद्धान्त-प्रतिपादन'। यहाँ 'विस्तार से' सही है। उसी तरह 'जागृति' सही है। 'जागर्ति' यहाँ गलत है।

'राजनीतिक' भी हिन्दी में गलत है

कुछ लोग 'राजनीतिक' विशेषण लिखने लगे हैं, जबकि प्रवाह 'राजनैतिक' का है। कहते हैं, संस्कृत में 'राजनीतिक' बनता है! 'राजनीतिक' के वजन पर लोग 'इतिहासिक' भी लिखने लगे और विश्वविद्यालयों के प्राध्यापक लिखने लगे! हिन्दी ने 'विस्तार' लेकर 'विकर' आदि की गलतियों का द्वार बन्द किया और हिन्दी वालों ने संस्कृत का 'राजनीतिक' लेकर 'इतिहासिक' आदि गलतियों का द्वार खोल दिया! परन्तु ये 'राजनीतिक'-पसन्द लोग 'विस्तर' क्यों नहीं ले रहे हैं? संस्कृत की रू से तो 'विस्तार से कहना' गलत है न? एक तमाशा हो रहा है! जिस देखो, वही पंडित बना जा रहा है! खैर यह हुई कि 'जागर्ति' और 'राजनीतिक' आदि की बीमारी से लोगों को सावधान कर दिया गया। लोग समझ गए। 'जागृति' हिन्दी से गई नहीं और 'राजनैतिक' जागरण भी बना रहा। वैसे एक अन्धड़ तो आया ही था! बड़े-बड़े लोग हिन्दी का अन्तिम संस्कार कर देने को उठ खड़े हुए थे। उन्हें समझाया गया कि हिन्दी निःसन्देह संस्कृत से पूर्ण अनुप्राणित है; पर फिर भी यह एक स्वतन्त्र भाषा है; इसकी अपनी प्रकृति-प्रवृत्ति है और अपना अनुशासन है। तब शान्ति हुई।

'राष्ट्रीय'-'राष्ट्रिय'

क्या-क्या कहा जाए! हिन्दी के 'राष्ट्रीय' रूप को भी गलत बतलाया गया! कहा गया कि संस्कृत में 'राष्ट्रिय' होता है; इसलिए हिन्दी में 'राष्ट्रिय' ही लिखना चाहिए! 'राष्ट्रिय' चल भी पड़ा! अखबारों से प्रचार होता है। काशी से 'राष्ट्रिय' चला था! कौन रोकता? परन्तु इतना निवेदन किया गया कि संस्कृत में 'राष्ट्रिय'-'राष्ट्रीय' दोनों शब्द बनते हैं—'विस्तर'-'विस्तार' की तरह। 'विस्तर' की तरह 'राष्ट्रिय' का क्षेत्र संकुचित है और यह शब्द एक अर्थ में रूढ़ भी है। राजा के साले को 'राष्ट्रिय' कहते हैं—'राजश्यालस्तु राष्ट्रियः।' कहा जाए—'ये सब राष्ट्रिय जन बैठे हैं'—तो अर्थ (संस्कृत के अनुसार) यह होगा—'ये सब राजा के साले बैठे हैं।' हिन्दीवाले यह गाली क्यों खाएँ? सो, यहाँ 'राष्ट्रीय सभा' होता है, 'राष्ट्रिय सभा' नहीं। राजा के साले लोग अपनी सभा बनाएँ, तो वह 'राष्ट्रिय सभा' होगी।

संस्कृत में यदि 'राष्ट्रिय' न भी बनता होता और व्यापक अर्थ में, विशेषण रूप से भी 'राष्ट्रिय' ही एकमात्र शब्द गृहीत होता, तो भी हिन्दी 'राष्ट्रीय' ही पसन्द करती। 'राष्ट्रिय' का ही विकास 'राष्ट्रीय' हिन्दी में समझा जाता। 'विनति' का विकास 'विनती' है न? अर्थ-विकास भी है। 'राष्ट्रीय' एक लाइन पर है—देशीय, प्रदेशीय, विजातीय आदि की तरह—राष्ट्रीय-अराष्ट्रीय आदि। जब 'राष्ट्रिय' (विद्वानों ने!) हिन्दी में चलाया, तो लोग 'प्रदेशिय' और 'प्रान्तिय' भी लिखने लगे! समझा होगा कि भूखण्ड-वाचक शब्दों से 'इय' होता है! उनका क्या अपराध? जब बड़े जोर से आवाज 'राष्ट्रिय' के विरुद्ध लगी और कहा गया कि तुम लोग राजा के साले क्यों बनते हो, तब फिर 'राष्ट्रीय'-प्रवृत्ति ने जोर पकड़ा! यों बार-बार लोग हिन्दी-मन्दिर को धूसरित करते हैं और बार-बार साफ करना पड़ता है! और काम कैसे हो?—मैं तो इसी में मर लिया!

सोचा मैंने उषः काल में,
मा का भवन सजाऊँ।
अभिनव अर्थ उपार्जित कर के,
मैं भी भेंट चढ़ाऊँ।
किन्तु भक्त-पद-प्रक्षेपों से,
धूल यहाँ भर आई।
रहा बुहार उसी को तब से,
यों सब उम्र 'गँवाई'!

'अन्तर्विश्वविद्यालय'-'अन्तःप्रान्तीय'

ऐसे विशेषण भी चल रहे हैं—'इंटर-यूनिवर्सिटी' और 'इंटर-प्राविंशियल' के लिए—'अन्तर्विश्वविद्यालय'-'अन्तःप्रान्तीय'! एक मजेदार शब्द 'अन्ताराष्ट्रिय' चला! 'अन्तर्विश्वविद्यालय' में 'अन्तर्' समझ में आ जाता है। 'अन्तःप्रान्तीय' में भी 'अन्तर्' ध्यान में आ जाता है। कारण, 'अन्तर्गृह' तथा 'अन्तःकरण' आदि शब्द सामने रहते हैं। परन्तु 'अन्ताराष्ट्रिय' में 'अन्तर्' तब तक न दिखाई देगा, जब तक पाणिनि के संस्कृत-व्याकरण में 'रो रि' तथा 'ढ्रलोपे पूर्वस्य दीर्घोऽणः' इन दो सूत्रों का अर्थ आप किसी संस्कृत-वैयाकरण से न समझ आएँ! कारण यह कि 'अन्तारमण' 'अन्तारणक' जैसे शब्द हिन्दी में चलते नहीं। तब 'अन्ताराष्ट्रिय' में 'अन्तर्' हिन्दीवाले कैसे देखें? संस्कृत वाले 'अन्ताराष्ट्रिय' का मतलब जरूर समझ लेंगे—'राजा के सालों में।' 'अन्तर्' का अर्थ है 'भीतर' या 'भीतरी'। 'अन्तर्गृह'-'अन्तःकरण' आदि में सर्वत्र यही अर्थ मिलेगा। 'राष्ट्रिय' जनों के भीतर की चीज 'अन्ताराष्ट्रिय'! सो, संस्कृतवाले समझे वह, जो कहनेवाले का मतलब

नहीं! और हिन्दी वाले 'अन्ता' के झमेले में! तो, यह कहनेवाले का दोष है, या समझनेवाले का? 'वक्तुरेव हि तज्जाड्यं श्रोता यत्र न बुध्यते'—यदि अधिकारी श्रोता की भी समझ में बात न आए, तो उसे कहनेवाले की ही जड़ता समझना चाहिए।

मतलब यह कि हिन्दी में वह सन्धि गृहीत नहीं, जो 'अन्ताराष्ट्रिय' में है—'अन्तर्राष्ट्रिय' करना होगा। 'र' पर 'र' अच्छा नहीं लगता, पर 'तबर्रा' और 'बर्र' आदि में हिन्दीवाले बोलते ही हैं। सो, 'अन्तर्राष्ट्रिय' शब्द चाहिए। परन्तु जो अर्थ वक्ता देना चाहता है, वह तो इससे भी न निकलेगा। 'राष्ट्रिय' शब्द पर ऊपर लिखा जा चुका है। यहाँ केवल—

'अन्तर्' पर विचार करना है

'अन्तर्' का प्रयोग प्रायः 'भीतर' या 'भीतरी' के अर्थ में होता है, यह कह आए हैं। 'अन्तर्देशीय पत्र-व्यवहार' का मतलब हुआ—'देश के भीतर-भीतर होने वाला पत्र-व्यवहार'। 'अन्तर्देशीय पत्र'—देश के भीतर-भीतर आने-जानेवाला पत्र। 'अन्तर्द्वन्द्व'—अपने भीतर की रस्साकसी। इसी तरह 'करण' हाथ-पाँव आदि, जिन से कुछ काम किया जाता है और 'अन्तःकरण'-भीतरी करण, 'मन' आदि। 'अन्तरङ्ग'-'बहिरङ्ग' में बहुत साफ है मतलब। सर्वत्र 'भीतर' या 'भीतरी' अर्थ है। परन्तु 'इंटर नेशनल कान्फ्रेंस' के अर्थ में भी लोग 'अन्तर्' का प्रयोग करते हैं—'अन्ताराष्ट्रिय परिषद्' 'अन्तर्राष्ट्रिय परिषद्' 'अन्तर्राष्ट्रीय परिषद्'! 'राष्ट्रिय' शब्द पर पहले ही लिखा जा चुका है कि विशेषण-रूप से इसका प्रयोग गलत है—'राष्ट्रीय' चाहिए। 'अन्तर्' को 'अन्ता' बना देना भी हिन्दी में गलती है, यह भी कहा जा चुका। रहा अब 'अन्तर्'; सो, शब्द तो यह शुद्ध है और तद्रूप (तत्सम) हिन्दी में चलता भी है; परन्तु 'भीतर' या 'भीतरी' अर्थ में। 'अन्य' अर्थ में नहीं। 'राष्ट्रीय परिषद्' का मतलब हुआ—अपने राष्ट्र की, या राष्ट्र-सम्बन्धी परिषद् और 'अन्तर्' विशेषण लगा देने से अर्थ निकलेगा—राष्ट्र के भीतर-भीतर जो हैं, उनकी परिषद्। तो, 'इंटर नेशनल कान्फ्रेंस' का मतलब कहाँ निकला? अन्य राष्ट्रों से भी सम्बन्ध हो, तब 'इंटर नेशनल' कहा जाता है। परन्तु 'अन्तर्' का 'अन्य' अर्थ में कहीं प्रयोग ही नहीं! 'अन्तर्' को 'अन्तः' करके 'अन्तः प्रान्तीय परिषद्' लिखते हैं। इसका अर्थ भी—'प्रान्त के भीतर-भीतर जो हैं, उनकी परिषद्' हुआ। परन्तु कहना है—'अपने प्रान्त की तथा (साथ ही) अन्यान्य प्रान्तों की परिषद्।' यह अथ 'अन्तर्' के प्रयोग से सम्भव नहीं है। यही कारण है कि सरकारी छह पैसेवाले लिफाफे पर 'अन्तर्देशीय पत्र' छपा देखकर लोग विदेश भेज देते हैं—'अन्तर्' का गलत अर्थ समझ कर! पत्र बैरंग होकर वापस आ जाता है; क्योंकि वह तो 'अन्तर्देशीय पत्र' है, देश के बाहर जा नहीं सकता। 'अन्तर्' का गलत अर्थ समझने का दण्ड! इसी तरह 'अन्तर्विश्वविद्यालय' आदि का प्रयोग गलत है; यदि 'इंटर-यूनिवर्सिटी' के अर्थ में किया जाए। अभीष्ट अर्थ के लिए—

'अन्तर' शब्द चाहिए

समास में यदि 'अन्तर' का पर-प्रयोग हो, तो 'अन्य' अथ हो जाता है। 'पुस्तकान्तर में ऐसा नहीं'—दूसरी किसी पुस्तक में ऐसा नहीं। 'राम देशान्तर घूमकर आया है।' 'देशान्तर'—दूसरे देश। इसी तरह 'गृहान्तर' आदि समझिए। 'गृहान्तर-प्रवेश'—दूसरे घर में प्रवेश और 'गृहान्तः प्रवेश'—घर के भीतरी हिस्से में प्रवेश। 'देशान्तर' का ही 'देसावर' हो गया है। 'देसावरी माल है'—दूसरे देश (या देशों) का माल है। यानी अपने देश का नहीं। जब भी अन्त में 'अन्तर' शब्द 'अन्य' अर्थ में आएगा, 'स्व' का ग्रहण न होगा। 'देशान्तरीय जनों से सम्पर्क'—दूसरे देश के लोगों से सम्पर्क। अपने देश की यहाँ बात नहीं है। इसी तरह 'देशान्तरीय परिषद्'—'दूसरे देशों की परिषद्'। 'देशान्तर-परिषद्' का भी वही मतलब है।

'देशीय' और 'अन्तर्देशीय' में अन्तर स्पष्ट हुआ। यदि कोई ऐसी परिषद् हो, जिसमें अपने देश के साथ-साथ अन्यान्य देशों का भी सम्बन्ध हो, तो कहा जाएगा—

अन्तरदेशीय-परिषद्, अन्तरदेश-परिषद्

यानी 'अन्तर' का पर-प्रयोग करने पर ऐसा 'अन्य' अर्थ आता है, जिसमें 'स्व' गृहीत नहीं होता—'देशान्तर'। परन्तु उसी ('अन्यार्थक') 'अन्तर' शब्द का पूर्व प्रयोग कर देने से 'अन्य' के साथ 'स्व' भी रहता है—'अन्तरदेश-परिषद्'-'अन्तरदेशीय परिषद्', 'अन्तर-विश्वविद्यालय-संगठन' और 'अन्तरराष्ट्रीय समस्याएँ'। 'इंटर नेशनल कान्फ्रेंस'—'अन्तरराष्ट्रीय परिषद्'। यों सन्धि का झमेला भी हट गया—न 'अन्ता' और न 'अन्तः'! सर्वत्र 'अन्तर'।

पूर्व-पर-प्रयोग से समास में अर्थ-वैशिष्ट्य आ जाता है; यद्यपि मूल अर्थ बना रहता है। 'अन्तर' का पर-प्रयोग और पूर्व-प्रयोग सामने है। 'रणजित' का अर्थ है—रण में जित (पराजित) और 'जितरण' का अर्थ है, रण जीतनेवाला, रणजयी। उभयत्र शब्द वे ही हैं, अर्थ भी बदला नहीं; परन्तु अर्थ में कितना अन्तर आ गया! 'रणजित'—रण में जो जीत लिया गया हो और 'जितरण', जिसने रण जीत लिया हो। सो, अन्यार्थ में 'अन्तर' का पर-प्रयोग करने से 'स्व' गृहीत नहीं होता और पूर्व-प्रयोग से 'स्व' भी गृहीत होता है। 'अन्तर्' शब्द से तो वह अर्थ निकलता ही नहीं! समझने को गलत-सलत शब्द-प्रयोग से भी लोग कुछ समझ ही लेते हैं! कोई विदेशी हिन्दी पूरी न समझने के कारण 'कोयल' के अर्थ में 'कोयला' धोखे से बोल दे—'कोयला की मीठी बोली बसन्त को और भी मीठा कर देती है', तो हम समझ लेंगे कि इसका मतलब 'कोयल' से है। परन्तु 'कोयला' रहेगा तो यहाँ गलत ही न! इसी तरह 'अन्तर्विश्वविद्यालय' आदि की भूल समझिए, जहाँ 'अन्तर' की जगह 'अन्तर्' लोग लिखते हैं! यह पढ़े-लिखे लोगों का अन्ध-प्रवाह है, गलती है। यह साधारण जनों की बोल-चाल में 'अन्तः प्रान्तीय' 'अन्ताराष्ट्रिय' आदि नहीं

कि यथास्थिति का समर्थन किया जाए। 'मनोकामना' जनगृहीत शब्द है। वैसे शब्दों की यहाँ कोई तुलना नहीं। 'छः' शब्द भी तो गलत चल रहा था न! पंडितों के विसर्गों से बेचारे अपढ़ जनों का क्या वास्ता! यहाँ 'ह' की जगह बुद्धिमानों ने विसर्ग चलाए और इसीलिए वह कूड़ा-कचरा हटा कर शुद्ध 'छह' प्रतिष्ठित किया गया। 'अन्ता' और 'अन्तः' रूप भी 'अन्तर्' के साधारण जनता ने नहीं किए और 'अन्तर्विश्वविद्यालय' से भी उसका कोई सम्बन्ध नहीं। इसलिए, ऐसे विशेषण एकदम गलत हैं। भाषा को भ्रष्ट करनेवाले हैं। 'एकत्र जनसमूह' आदि भी जनगृहीत शब्द नहीं कि उस तरह उन्हें दर-गुजर किया जाए। साधारण जन तो 'इकट्ठी भीड़' बोलते हैं। संस्कृत में भी 'एकत्र' का प्रयोग विशेषण के रूप में गलत है और जनता वैसा बोलती नहीं; इसलिए ये सर्वथा भ्रष्ट प्रयोग हैं। नीमहकीमी का परिणाम समझिए। भाषा की जान के लिए ये खतरे हैं। इसीलिए इलाज किया गया।

'दम्पति'-'दम्पती'

हिन्दी में 'दम्पति' शब्द मजे से चल रहा था; पर नीमहकीमों ने कहा कि हिन्दी में 'दम्पति' गलत चल रहा है—'दम्पती' चाहिए; क्योंकि संस्कृत में 'दम्पती' शब्द है, 'दम्पति' नहीं। बस, हिन्दी में 'दम्पती' लोग लिखने लगे! कैसी बेतुकी बात है! चाहे जो भाषा-शुद्धि करने लगता है!

हिन्दी में 'दम्पति' का प्रयोग शुद्ध है और 'दम्पती' गलत है। जैसे कवि, कपि, पति आदि; उसी तरह 'दम्पति'। संस्कृत में 'दम्पति' मूलतः है, इकारान्त। जाया और पति = 'दम्पति'। पतिपत्नी—दम्पति। यानी 'जाया' तथा 'पति' का समास होकर 'जाया' को 'दम्' हो गया है। यों 'दम्पति' शब्द का गठन इकारान्त है, संस्कृत में। परन्तु 'दम्पति' में द्वित्व है, इसलिए द्विवचन में ही इसका प्रयोग होता है वहाँ—'दम्पती आगच्छतः'—पति-पत्नी दोनों आ रहे हैं। हिन्दी में द्विवचन का रूपान्तर होता नहीं; इसलिए सर्वत्र 'दम्पति'। बहुवचन में भी 'दम्पति'। 'कवि' की तरह। 'द्वौ **कवी** गतौ' यों संस्कृत में 'कवि' का द्विवचन 'कवी' होगा। परन्तु हिन्दी में 'कवि' का रूप एकरस रहेगा, इकारान्त—'दो कवि गए'। संस्कृत-विभक्ति यहाँ न चलेगी—'दो **कवी** गए' न होगा। इसी तरह 'दम्पति' में भी कोई विकृति न होगी। बहुवचन में 'कवयः गच्छन्ति' यों 'कवि' का रूप 'कवयः' संस्कृत में हो गया; पर हिन्दी के बहुवचन में 'कवि' ही रहेगा—'कवि जाते हैं।' 'कवयः जाते हैं' जैसा भ्रष्ट, वैसा ही 'दम्पती' हिन्दी में समझिए!

इसी तरह "मसूरी की ऊँचाई छः हजार फीट" गलत है। 'ऊँचाई' की जगह 'उँचाई' चाहिए; 'निचाई को 'नीचाई' नहीं किया जा सकता, न 'उँचाई' को 'ऊँचाई' ही। प्रथम दीर्घ स्वर ह्रस्व हो जाता है। 'छः' तो गलत है ही! 'छह' चाहिए। ये प्रासंगिक बातें। मतलब यहाँ 'फीट' से है। अंग्रेजी का मूल शब्द 'फुट' है, जो

हिन्दी में गृहीत है। इसका बहुवचन अंग्रेजी में 'फीट' रूप ग्रहण करता है; पर हिन्दी में अविकृत 'फुट' ही रहेगा–'चार फुट लम्बा'। 'चार फीट लम्बा' गलत है। 'कवि' शब्द हिन्दी ने संस्कृत से लिया और उस पर अपना अनुशासन। 'कवि जाते हैं' की जगह 'कवयः जाते हैं' जैसे गलत है, उसी तरह 'चार फीट लम्बा' भी गलत है। सर्वत्र 'फुट' रहेगा। 'वकील' शब्द हिन्दी ने लिया; पर बहुवचन अपने ढंग पर रहेगा। जैसे 'बालक जाते हैं', उसी तरह 'वकील जाते हैं।' 'वकला जाते हैं' गलत। 'शायर आए' सही और 'शोरा आए' गलत।

यानी 'वचन'-प्रयोग अपने ढंग पर। अंग्रेजी तथा संस्कृत आदि सभी भाषाओं में यही पद्धति है। 'धोती' शब्द हिन्दी का अंग्रेजी में गया; पर बहुवचन वहाँ अपने ढंग पर होगा–'धोतीज़'। 'ब्रिंग माई धोतीज़' की जगह 'ब्रिंग माई धोतियाँ' कभी भी अंग्रेजी न करेगी। यदि कोई वैसा बोले-लिखे, तो एकदम गलत कहा जाएगा। 'कैय्यट' 'मम्मट' जैसी जनपदीय व्यक्तिवाचक संज्ञाएँ संस्कृत में अपने (संस्कृत के) अनुशासन में चलती हैं–'मम्मटः'-'कैय्यटः' और 'मम्मटेन'-'कैय्यटेन' आदि। जिस प्रदेश के ये शब्द हैं, वहाँ की विभक्तियाँ संस्कृत इनमें न लगाएगी।

सो, हिन्दी में 'दम्पति' शुद्ध है और 'दम्पती' गलत।

'कश्मीर'-'काश्मीर'

संस्कृत में उपर्युक्त दोनों शब्द चलते हैं; पर हिन्दी ने अपनी प्रकृति के अनुसार 'काश्मीर' अधिक पसन्द किया। दीर्घ-'गुरु' शब्द हिन्दी अधिक पसन्द करती है। 'विस्तर' न लेकर 'विस्तार' लिया। 'मुरारि' भी यहाँ 'मुरारी' बन जाता है। 'युवति'-'युवती' इन दो संस्कृत शब्दों में से 'युवती' को लेकर हिन्दी ने अपना प्रतिपादिक बनाया। विशेषण रूप में भी 'युवती'। 'एक युवती मिली'–'एक युवति मिली' नहीं। संस्कृत में 'युवति' चलता है–'युवतिर्गता'-'युवतयोगताः'। परन्तु हिन्दी ने 'युवती' ही लिया। 'युवतिजनों का मानस-मोद' आदि में समस्त तद्रूप 'युवतिजन' चलेगा; पर 'युवति का मानस' नहीं, 'युवती का मानस' चलता है। यानी शब्द के आदि, मध्य या अन्त में यदि कहीं दीर्घ स्वर है, तो हिन्दी अपनी प्रकृति के अनुसार उसे ही अधिक पसन्द करेगी। इसीलिए 'काश्मीर' हिन्दी ने अधिक पसन्द किया, 'कश्मीर' उर्दू में चला। 'काश्मीरी 'ब्राह्मण' बोला जाता है, 'कश्मीरी ब्राह्मण' नहीं।

हम 'कश्मीर' को गलत नहीं कह रहे हैं; केवल हिन्दी की प्रकृति बता रहे हैं और यह बताने की भी जरूरत इसलिए पड़ी कि कुछ नीमहकीमों ने यह भ्रम फैलाना शुरू किया है कि 'काश्मीर' गलत है; क्योंकि संस्कृत में 'कश्मीर' है!' संस्कृत में दोनों ही तरह के शब्द हैं। उनमें से हिन्दी ने एक ले लिया।

'राजनयिक' विशेषण

कुछ दिनों से 'राजनयिक' विशेषण भी देखने में आ रहा है। यद्यपि एक ही समाचार-पत्र 'राजनयिक' लिखता है; पर उसका प्रचार देशव्यापी है और समाचार-पत्रों से ही लोग भाषा ग्रहण करते हैं—विशेषतः छात्र। इसलिए इस 'राजनयिक' शब्द पर भी कुछ कहना है। नई दिल्ली का दैनिक 'हिन्दुस्तान' 'राजनयिक' लिखता है—'राजनयिक वार्ता' यानी 'राजनैतिक' की जगह 'राजनयिक'।

'राजनयिक' शब्द गलत नहीं है, शुद्ध है; परन्तु 'यद्यपि शुद्धं लोकविरुद्धम्' का भी ध्यान रखना होता है। हिन्दी में 'राजनैतिक' विशेषण ही चिरगृहीत और सुप्रचलित है। इसकी जगह 'राजनयिक' देना-चलाना कुछ जँचता नहीं; विशेषतः यह देखते हुए कि दैनिक 'हिन्दुस्तान' भी 'राजनीति' की जगह 'राजनय' नहीं लिखता—'छात्रों को राजनीति में न पड़ना चाहिए।' यदि विशेषण 'राजनयिक' है, तो उसका बाप 'राजनय' सामने रहना चाहिए। लिखना चाहिए—'अमरीका का **राजनय** पूँजीपतियों से प्रभावित है।' 'अमरीका की राजनीति' लिखकर फिर 'अमरीका का **राजनयिक** वातावरण' दें, तो भाषा तीन कौड़ी की भी न रहेगी! 'मन **भर गेहूँ** और आधा मन **गोधूम-चूर्ण** चाहिए' कैसा प्रयोग है? एक जगह 'गेहूँ' और दूसरी जगह 'गोधूम'! जान पड़ता है, दोनों भिन्न चीजें हैं! 'नीति' और 'नय' दोनों संस्कृत शब्द समानार्थक हैं; पर हिन्दी ने अपने व्यापक व्यवहार के लिए 'नीति' शब्द ही ग्रहण किया है। 'राजनीति शास्त्र में उन्होंने एम.ए. किया' ऐसे वाक्य दैनिक 'हिन्दुस्तान' के उसी पृष्ठ में, जिसमें 'राजनयिक' विशेषण! यह क्यों? 'राजनय शास्त्र में एम.ए. किया' क्यों नहीं? जब 'राजनीति' की जगह 'राजनय' नहीं देते, तो 'राजनैतिक' की जगह 'राजनयिक' क्यों?

जहाँ तक मेरा खयाल है, 'राजनैतिक' शुद्ध है या 'राजनीतिक' इस झमेले से बचने के लिए 'राजनयिक' ग्रहण किया गया होगा! दो छात्र झगड़ पड़े! 'रावण' में 'व' है, या 'ब', यह विवाद। सब 'व' जानते-समझते हैं; पर एक छात्र ने कहा कि यहाँ 'ब' है, 'व' नहीं है। 'ब' कहनेवाला छात्र वाचाल था। दोनों गुरु जी के पास पहुँचे और निर्णय चाहा। गुरु जी भी झमेले में पड़ गए! ग्रन्थों के प्रमाण दिए; पर वाचाल छात्र ने कहा कि ग्रन्थों में गलती से 'व' लिख गया है। तब गुरु जी ने कुछ सोचकर कहा कि ''वस्तुतः यहाँ न 'व' है, न 'ब' है। यहाँ तो 'भ' है। लोग भूलकर पहले 'ब' और फिर 'व' लिखने लगे! जब 'कुम्भकर्ण' में 'भ' है और 'विभीषण' में 'भ' है, तो तीसरे भाई के नाम में भी 'भ' ही चाहिए। सो, न 'रावण' शुद्ध है, न 'राबण' शुद्ध है—'राभण' शुद्ध है।'' गुरु जी के निर्णय से दोनों छात्र सन्तुष्ट हो गए! कुछ इसी तरह यह 'राजनयिक' हिन्दी में लाया जा रहा है!

हिन्दी एक धारा लेकर चलती है। 'पानी' संस्कृत 'पानीय' से बना है और हिन्दी में यह सामान्य रूप से सर्वत्र चलता है। 'जल' तत्सम भी बराबर चलता है। 'पानी पीना है' 'जल पीना है' कुछ कहो, अपनी इच्छा। परन्तु 'वारि पीना है' या 'पय पीना है' नहीं चलता। 'पय पीना है' तो स्पष्ट भी नहीं कि पानी, या दूध! परन्तु 'वारि पीना है' में कोई भ्रम-सन्देह नहीं; तो भी चलन नहीं। संस्कृतज्ञ हिन्दी-भाषी भी आपसी बातचीत में 'वारि पीना है' 'वारि नहीं बरस रहा' ऐसे प्रयोग न करेंगे! क्यों? इसलिए कि हिन्दी ने सामान्य प्रयोगार्थ 'पानी' के साथ 'जल' तो लिया है; पर 'वारि' जैसा कोई अन्य शब्द नहीं। हाँ, कविता में चल सकता है। परन्तु तभी, जब अच्छा लगे—'बारी-फुलवारी बिनु बारि मुरझाई है।' 'बारी'-'फुलवारी' के साथ 'बारि' अच्छा लगता है। इसकी जगह 'बिनु पानी' कर दें, तो मजा बिगड़ जाएगा। 'वारि' तो फिर भी प्रचलित शब्द है; कविता में 'जल' का अप्रचलित पर्य्याय 'विष' भी मौके से दिया जा सकता है। जल का 'विष' भी एक नाम कोश-ग्रन्थों में है; पर कोई कहे—'उसने फिर विष पिया और सो गया'; तो यही समझा जाएगा कि जहर पिया और मर गया! यह न समझा जाएगा कि ठंढा पानी पीने के बाद उसे नींद आ गई। परन्तु कविता में 'जल' के लिए 'विष' का प्रयोग कैसा मजेदार हुआ है—

मदन-बिसिख तीखन लगे, मुरछि परी सुधि नाहिं।
दूजे बद बदरा अरी, घिरि-घिरि विष बरखाहिं।

मदन के तीखे बाणों से घायल पर ऊपर से ये 'बद बदरा' विष-वर्षा कर रहे हैं! यहाँ 'जल' के लिए 'विष' शब्द जम कर बैठा है। परन्तु साधारण प्रयोग में हिन्दी 'विष' तो क्या, 'वारि' भी नहीं लेती, 'नीर' को भी नहीं लेती। सर्वत्र 'पानी' या 'जल'। फिर भी कोई 'नीर की बाढ़ ने तबाही ला दी' लिखे, तो उसकी मर्जी! इसी तरह का 'राजनयिक' विशेषण है। समाचार-पत्र एक महाशक्ति के रूप में अपने हाथ है; चाहे जो किया जा सकता है!

वैसे दैनिक 'हिन्दुस्तान' भाषा-शुद्धि पर बहुत ध्यान रखता है और भाषा-विषयक मेरे लेख सबसे ज्यादा दैनिक तथा साप्ताहिक 'हिन्दुस्तान' में ही प्रकाशित हुए हैं। परन्तु, तो भी सम्पादक जी ने 'राजनयिक' अभी तक नहीं छोड़ा है!

'भूमिगत' विशेषण

'भूमिगत' विशेषण अपने सही अर्थ में विचारणीय नहीं है—''जब राजस्थान के **भूमिगत तेल** आदि पदार्थ प्रकट होंगे, तब यह प्रदेश अत्यधिक समृद्धिशाली बन जाएगा।'' 'भूमिगत'—पृथ्वी के भीतर के।

परन्तु समाचार-पत्रों में 'भूमिगत' का लाक्षणिक प्रयोग भी होने लगा है—'छिपे हुए' के अर्थ में—'**भूमिगत** कम्युनिस्टों ने अपना काम तेज कर दिया।' यहाँ 'भूमिगत' का प्रयोग 'छिपे हुए' के अर्थ में है, जो हिन्दी-प्रकृति के अनुकूल नहीं। 'भूमिगत' का अर्थ 'पृथ्वी के भीतर का' प्रसिद्ध है। अंग्रेजी में 'अंडर-ग्राउंड' मुहाविरा है—'छिपे हुए' के अर्थ में। उसी का हिन्दी-अनुवाद है—'भूमिगत'। परन्तु किसी भी भाषा के मुहाविरे उसकी अपनी चीज होते हैं। दूसरी भाषा में उनका अनुवाद नहीं हो सकता। हिन्दी के भी अपने मुहाविरे हैं—'हाथ के तोते उड़ गए' 'पाँव के नीचे से मिट्टी खिसक गई' 'चोर नौ दो ग्यारह हो गया' आदि। क्या दूसरी भाषा में इनका अनुवाद हो सकता है! 'नौ दो ग्यारह' का साधारण प्रयोग हो, तब तो ठीक, अंग्रेजी में 'नाइन एण्ड टू-इलेवन' हो जाएगा। परन्तु जब मुहाविरा हो—'चोर नौ दो ग्यारह हो गया' तब अंग्रेजी में 'नाइन एण्ड टू-इलेवन' करना पागलपन होगा! कौन मतलब समझेगा? कोई हिन्दीभाषी चाहे समझ ले! हिन्दी के एक बहुत बड़े कवि ने उर्दू के 'नाचीज' (लाक्षणिक) शब्द-प्रयोग का हिन्दी-अनुवाद अपनी एक कृति में दिया है—'मैं अपदार्थ क्या कर सकता हूँ।' क्या मतलब? 'अपदार्थ' से कुछ मतलब निकलता है? जब 'नाचीज' ध्यान में आए, तब कुछ समझ में आए! तो, क्या यह शब्द-प्रयोग है? भूल है!

सो, 'छिपने' के अर्थ में 'भूमिगत' विशेषण हिन्दी में, संस्कृत में या पंजाबी आदि अपनी प्रादेशिक भाषाओं में गलत है। संस्कृत से प्रेम है, तो 'तिरोहित' लिखिए। 'अन्तर्हित' लिखिए। 'भूमिगत' की अपेक्षा ये शब्द अधिक सुबोध हैं। यदि भीरुता प्रकट करनी है, तो 'दुबके हुए' लिखिए। परन्तु 'भूमिगत' ठीक नहीं। यदि अपने साधारण अर्थ में दें, तब ठीक—'भूमिगत अनन्त जल-राशि मशीनों से ऊपर लाई जा सकती है।'

'लोकगीत' 'जनजाति'

हिन्दी में कुछ दिनों से 'लोकगीत' तथा 'जनजाति' जैसे शब्द भी लोग चला रहे हैं। क्या यहाँ 'लोक' तथा 'जन' विशेषण ठीक हैं? विचारणीय है।

'ग्रामगीत' के लिए लोग 'लोकगीत' लिखने लगे हैं। पहले ऐसे देहाती गीतों को 'ग्रामगीत' कहते थे। ग्रामगीतों की ओर पं. रामनरेश त्रिपाठी ने (हिन्दी में) सबसे पहले ध्यान दिया। ऐसे गीतों का बहुत बड़ा संग्रह करके 'ग्रामगीत' नाम से प्रकाशित कराया। दूसरे लोगों का भी इधर ध्यान गया। कुछ काम हुआ। परन्तु 'ग्रामगीत' लोग भूल जाएँ, इस इच्छा से, या न जाने क्यों, एक नया नाम 'लोकगीत' चलाया गया! यानी 'ग्राम' की जगह 'लोक' (सम्बन्ध रूप से) विशेषण। क्या यह ठीक है? तब निराला जी के गीतों को क्या कहेंगे? क्या ये 'परलोक-गीत' कहे जाएँगे? तुलसी और सूर के गीत भी ग्राम्य भाषा में नहीं हैं—सुसंस्कृत साहित्यिक

ब्रजभाषा में हैं। ब्रज के ग्रामगीत ब्रज की 'बोली' में हैं। इन्हें 'लोकगीत' कहा जाएगा, तो तुलसी-सूर आदि के गीत निश्चय ही (इनसे भिन्न स्थिति रखने के कारण) इस लोक की चीज नहीं! ठीक है?

सीधी बात है। देहाती गीतों का 'ग्रामगीत' सुप्रचलित और सुबोध नाम है। उसकी जगह 'लोकगीत' रखना एक अनावश्यक और झमेले का काम है।

यही स्थिति 'जनजाति' की है। 'आदिवासी' शब्द वनवासी जनों के लिए चल रहा था, ठीक! मनुष्य पहले जंगली तो था ही। परन्तु 'जनजाति' कहना ठीक नहीं। 'जन' तो हम सभी हैं—क्या नागरिक, क्या ग्रामीण और क्या वनवासी, सभी 'जनजाति' हैं। वस्तुतः 'जनजाति' बेतुका शब्द है। 'जनजाति' तो मानवमात्र के लिए है। अरबी-ईरानी और रूसी-चीनी आदि सभी 'जनजाति' के हैं—मानव जाति के हैं! तब वह विशिष्ट अर्थ कैसे निकलेगा और जबर्दस्ती निकालने पर दूसरे लोग कहाँ जाएँगे? 'जनता' कहने से भी उसी 'जनजाति' का बोध होगा! तब सामान्य अर्थ का द्योतन कैसे होगा? सम्भव है, 'वनजाति' को कभी किसी ने गलत पढ़ लिया हो और 'वन' को 'जन' समझ लिया हो! स्पष्ट 'वनजाति' को अस्पष्ट तथा भ्रामक 'जनजाति' कहने में कोई लाभ भी नहीं। वनवासी, आदिवासी, वनजाति जैसे शब्द चल ही रहे हैं। 'वनवासी' 'आदिवासी' आदि शब्द अच्छे, 'वनजाति' से भी अच्छे। 'जाति' तो एक है, 'हिन्दू' या 'हिन्दुस्तानी'। वह जाति शहरों में भी है, देहात में भी है और वनों में भी है। 'नगरजाति' 'ग्रामजाति' 'वनजाति' जैसे शब्द ठीक नहीं।

'प्रतिरक्षा विभाग'

हमें 'प्रतिरक्षा' विशेषण भी देख लेना चाहिए, जो 'विभाग' के साथ लगाया जा रहा है! प्रति उपसर्ग विचारणीय है। 'रक्षा-विभाग' समझ में आता है; ठीक है। रक्षा-विभाग पुलिस भी है—आन्तरिक उपद्रवों से बचाने के लिए और पुलिस को इसलिए 'रक्षा-विभाग' नाम देना हो, तो सेना को 'सुरक्षा-विभाग' कहिए। 'सु' उपसर्ग से रक्षा की विशेषता सूचित होती है। 'डिफेंस' का अर्थ 'रक्षा' से निकल जाता है; तो भी, पुलिस से व्यवच्छेद के लिए 'सुरक्षा' सही। परन्तु 'प्रति' का तो कोई मतलब ही यहाँ समझ में नहीं आता! आक्रमण के विरुद्ध 'प्रत्याक्रमण' समझ में आता है और प्रत्याक्रमण अपनी रक्षा के ही लिए होता है। यों 'प्रत्याक्रमण' में 'प्रति' ठीक है; तो भी 'प्रत्याक्रमण' में वह सीधी शालीनता नहीं, जो 'रक्षा' या 'सुरक्षा' में है। परन्तु 'प्रतिरक्षा' क्या? कोई अपनी रक्षा कर रहा है; तो क्या उसका भी मुकाबला करने की जरूरत है? उसकी रक्षा से बचने के लिए हमें अपनी 'प्रतिरक्षा' करनी होगी? उसके लिए एक विभाग रखना होगा?

मालूम नहीं, ऐसे शब्द कौन गढ़ता है, कौन गढ़वाता है! हमें एक बार बताया

गया कि 'प्रतिरक्ष' एक स्वतन्त्र धातु है, जिसका निर्देश ऋग्वेद में हुआ है। हमें ऋग्वेद का वह मन्त्र तो नहीं दिखाया गया; पर हम यह कैसे मान लें कि 'प्रतिरक्ष' एक स्वतन्त्र धातु है? जब भाषा का व्याकरण बन गया और धातु-उपसर्ग आदि की कल्पना करके भाषा की व्यवस्था हो गई, तब 'प्रतिरक्ष' को स्वतन्त्र धातु कहना कैसी बेतुकी बात है! तब 'धातु' भी कैसा? अखण्ड वाक्य समझना चाहिए। और, धातु-प्रत्यय का नाम लिया, तो 'उपसर्ग' कहाँ छूट जाएँगे? और 'उपसर्ग' नाम की कोई चीज मान लेने पर 'प्रतिरक्ष' को एक पृथक् धातु मानना निरी मूर्खता है! तब तो 'प्रतिगम्' एक स्वतन्त्र धातु और 'आक्रम्' एक स्वतन्त्र धातु! फिर 'उपसर्ग' नाम ही क्या! सो, 'प्रतिरक्ष' को एक स्वतन्त्र धातु मानना-बताना बच्चों की-सी बात है।

फिर, हमें प्रयोग-संस्कार पर भी ध्यान देना है। उपसर्गों की प्रयोग-व्यवस्था में उत्तरोत्तर सुधार हुआ है। किसी समय 'प्रति' का प्रयोग 'सु' के अर्थ में भी चलता होगा और इसीलिए गीता में कहा है–

''कौन्तेय, प्रतिजानीहि न मे भक्तः प्रणश्यति''

यहाँ 'प्रतिजानीहि' प्रयोग हुआ है। 'प्रतिजानीहि' अच्छी तरह समझ लें! 'अर्जुन, तू अच्छी तरह समझ ले कि मेरे भक्त का कभी भी पतन नहीं हो सकता।' यानी 'प्रतिजानीहि' में 'प्रति' 'सु' के अर्थ में है। परन्तु आगे चलकर भाषा में शब्द-प्रयोग की सुव्यवस्था मजबूती से हुई और 'सु' की जगह 'सु' तथा 'प्रति' की जगह 'प्रति' दिया जाने लगा। 'सुव्यवस्था' की जगह 'प्रतिव्यवस्था' कोई नहीं कर सकता। 'प्रति' का प्रयोग ऐसा नियमित हो गया कि लोग यह भी भूल गए कि कभी 'सु' के अर्थ में 'प्रति' भी चलता था! और इसीलिए गीता की टीकाओं में 'प्रतिजानीहि' का अर्थ दिया है लोगों ने 'प्रतिज्ञा कर'। 'हे अर्जुन, तू प्रतिज्ञा कर कि मेरे भक्त का नाश कभी भी नहीं होता!' श्रीकृष्ण के भक्त का नाश नहीं होता, ऐसी प्रतिज्ञा अर्जुन करें! मतलब क्या निकला? 'भक्त का नाश नहीं होता' यह बात जानने-समझने की है, या प्रतिज्ञा करने की?

परन्तु उपसर्गों के वे वैसे प्रयोग भी पुराने युग में होते थे। आगे चलते-चलते भाषा में प्रयोग व्यवस्था ऐसी हुई कि भ्रम-सन्देह न रहे। तब 'सु' के अर्थ में 'प्रति' का प्रयोग देना बन्द हो गया। आज कोई भी 'सुगम भाषा' को 'प्रतिगम भाषा' न कहेगा। तब फिर 'प्रतिरक्षा विभाग' क्या है, कैसा है; ध्यान दीजिए।

सरकारी महकमे भाषा बिगाड़ रहे हैं। कुछ दिन पहले 'मनीआर्डर' के लिए 'रुप्यप्रैष' चला था! इस अटपटे शब्द का चलन हिन्दी का मजाक उड़वाने के लिए! शोर मचने पर फिर 'मनीऑर्डर' चला! परन्तु 'थाई' आदि पूर्वीय देशों में 'मनीऑर्डर' कोई जानता ही नहीं और 'रुप्यप्रैष' जैसे बेढंगे शब्द भी वहाँ नहीं। वहाँ 'धनादेश'

धड़ल्ले से चलता है। अपने यहाँ 'मनीआर्डर', 'रुप्यप्रैष' और फिर 'मनीआर्डर'।

इसी तरह कुछ दिन तक रेलवे-स्टेशनों पर विचित्र शब्द देखे—'बाह्य मार्ग' 'आन्तरिक मार्ग' शब्द देखे! क्या मतलब? 'बाहरी मार्ग'-'भीतरी मार्ग'! मतलब हल हुआ? शोर मचने पर अब—'बाहर जाने का रास्ता' और 'भीतर जाने (या आने) का रास्ता' सब जगह लिखा गया। शब्द क्या, पूरे वाक्य! यदि 'आगमन'-'निर्गमन' शब्द लिख दिए जाते, तो? तो, अच्छा न रहता; क्योंकि तब इनका कोई मजाक न उड़ाता और फिर 'बाहर जाने का रास्ता' जैसे प्रलम्ब-रूप देखने को न मिलते!

इसी प्रसंग में हमें 'शाक उपाहार-गृह' याद आता है! ऐसा जान पड़ता है कि यहाँ साग-भाजी ही मिलती है! साग-पात खाने की जगह! कैसा मजाक! वस्तुतः यहाँ निर्विशेष—'उपाहार-गृह' चाहिए, जहाँ सभी तरह के लोग खा-पी सकते हैं। मांसभोजी उपाहारगृहों में 'वैष्णव भोजन' करनेवाले लोग नहीं जाते। इसलिए इन खास उपाहारगृहों के आगे 'मांसभोजी' विशेषण लगाना चाहिए। यानी 'उपाहारगृह' और 'मांसभोजी उपाहार-गृह' शब्द चाहिए। परन्तु 'मांसभोजी' की जगह 'आमिष' या 'सामिष' विशेषण रखे जाते हैं! साधारण जनता में 'मांस' शब्द प्रचलित है, 'आमिष' नहीं। 'सामिष' तो और भी अटपटा! लोग 'सामिष' या 'आमिष' का अर्थ नहीं समझ पाते। भीतर जाकर चाय-टोस्ट मँगवाया और तब तक दूसरा कोई आ गया, जिसने 'मीट' के साथ भोजन माँगा! उसके सामने जब वह सब आता है और खानेवाला हड्डी चिचोड़ने लगता है, तो बेचारा वह 'वैष्णव जन' सब कुछ छोड़कर चल देता है! पैसे तो देने ही पड़ते हैं! यदि बाहर 'मांसभोजी' शब्द लिखा हो, तो लोग धोखे में न पड़ें। इसी तरह और बहुत से शब्दों का गलत प्रयोग हो रहा है! यहाँ सब गिनाए-बताए जाएँ, इसके लिए स्थान नहीं है।

बहुत से लोग संस्कृत-भक्ति से गलत शब्द प्रयोग कर देते हैं। 'अगरबत्ती' को एक जगह मैंने 'अग्रबत्ती' के रूप में देखा! क्या मतलब? 'आगे की बत्ती'? 'अग्रबत्ती' का मतलब तो यही है। 'अगरबत्ती' में जो 'अगर' है, वह संस्कृत 'अगुरु' शब्द से है, 'अग्र' से नहीं; यह बात बेचारे को मालूम नहीं! इसी तरह—

'वर्कर-वध माता के आगे,
कहो कौन-सा पुण्य?'

आदि समझिए। देवी के आगे बकरे मारने की गर्हणा है; पर समझेगा कौन? 'वर्कर' जो अंग्रेजी का हमारे 'कार्यकर्ता' के लिए प्रसिद्ध शब्द है, उसके कारण 'माता' को 'भारत माता' लोग समझेंगे! कैसा रहा? 'वध' भी ठीक नहीं, न बकरे के लिए और न कार्यकर्ता के लिए ही। 'वध' तो दुष्ट-राक्षस का होता है—रावण-वध, कंस-वध, जरासन्ध-वध आदि। 'वर्कर-वध' ठीक नहीं। 'हत्या' जैसा कोई शब्द चाहिए।

सो, 'बकरा' को 'वर्कर' बना देना संस्कृतज्ञता का परिचय देने के लिए! परन्तु संस्कृत में तो बकरे के लिए 'अज' 'छाग' आदि शब्द आते हैं—'वर्कर' नहीं। 'वर्कर' तो संस्कृत में किसी भी तरुण पशु को कहते हैं—'वर्करस्तरुणः पशुः।' हिन्दी का 'बकरा' देखकर लोगों ने इसका संस्कृतीकरण 'वर्कर' शायद कहीं कर दिया और उसी का अनुगमन 'वर्कर-वध' में है। हिन्दी का 'बकरा' पूरब के 'बोकरा' से बना है। यह 'बो' 'बो' किया करता है! 'बोकरा' को शालीन बना लिया गया 'बकरा' करके। इसी 'बकरा' को लोगों ने 'वर्कर' समझ लिया। परन्तु संस्कृत का 'वर्कर' अन्यार्थक है। कहीं-कहीं 'वर्कर' शब्द बकरे की व्यंजना जरूर कर देता है और मजेदार प्रयोग हो जाता है। पं. पद्मसिंह शर्मा ने एक लेख का शीर्षक 'वर्कर की मैं मैं' दिया था, जिसमें सामाजिक तथा राजनैतिक 'वर्कर' लोगों की खबर ली गई है! ये लोग जब देखो, तब 'मैं' 'मैं' किया करते हैं—'मैं ऐसा हूँ' 'मैंने वह किया' आदि। यहाँ 'वर्कर' अंग्रेजी शब्द है, जो बकरे की ओर भी इशारा करता है, अपनी बनावट से और 'मैं' 'मैं' के प्रयोग से। सुन्दर प्रयोग है। परन्तु वैसे हिन्दी में (और संस्कृत में भी) बकरे को 'वर्कर' कहना-लिखना गलती है।

बस, संक्षेप में यही इतना कहना था।

चतुर्थ अध्याय

हिन्दी में विदेशी भाषाओं के शब्द

हिन्दी ने कुछ विदेशी भाषाओं के भी शब्द लिए हैं। सभी जीवित-जाग्रत भाषाएँ ऐसा करती हैं—समीप आई किसी भी विदेशी भाषा के जरूरी शब्द ग्रहण कर लेती हैं। परन्तु कोई भी भाषा अपने क्रियापद, सर्वनाम तथा विभक्तियाँ आदि नहीं बदलती। स्वतन्त्र भाषा की अपनी यह मूल शब्दराशि समझिए।

विदेशी भाषा से शब्द ग्रहण करने में भी हिन्दी की अपनी विशिष्ट पद्धति है। जो शब्द हिन्दी की प्रकृति के अनुकूल हैं, उन्हें ज्यों-का-त्यों—तद्रूप या तत्सम ले लिया गया है—जैसे रूमाल, मकान, कोट, बटन आदि। परन्तु जो ऐसे नहीं, जिनका रूप-रंग हिन्दी प्रकृति के अनुकूल नहीं, उन्हें कुछ खरास-तरास कर लिया गया है—जैसे ख्याल (<ख़याल), जरूरत (<ज़रूरत), अस्पताल (<हास्पिटल), लालटेन (<लैंटन) आदि। 'मेरे ख़याल में इसे हास्पिटल में एक लैंटर्न दे देना काफ़ी होगा।' यह वाक्य भोंडी-भद्दी हिन्दी का नमूना है। 'गंगा जी' अंग्रेजी में 'गेंजीज' बन गईं। अब आप (अंग्रेजी में) 'गंगा जी' या 'गंगा' लिखें, तो अंग्रेजों के लिए आपकी भाषा कैसी रहेगी? फारसी में जाकर हमारा 'ब्राह्मण' बन जाता है—'बिरहमन'। यही 'बिरहमन' यहाँ उर्दूवाले बोलते-लिखते हैं। अपनी-अपनी प्रवृत्ति! हम हिन्दीवाले 'ख़याल' 'हास्पिटल' आदि तद्रूप भी बोलना जानते हैं और उन भाषाओं के बोलते-लिखते समय तद्रूप ही उच्चारण-लेखन करते हैं; पर अपनी भाषा में तो 'शुद्ध' किए हुए रूप ही हम स्वीकार करेंगे। 'हास्पिटल' आदि तो अब हिन्दी में शायद ही कहीं कोई लिखता हो; परन्तु 'ख़याल' 'ज़रूरत' आदि अभी भी कहीं-कहीं लिखे-पढ़े जाते हैं। इसलिए इस पर विचार करना आवश्यक है।

हिन्दी में पन्द्रहवीं शताब्दी से ही विदेशी शब्द लिए जाने लगे थे और तुलसी-युग तक यह प्रवृत्ति जम गई थी। परन्तु आवश्यकता के अनुसार ही वैसे शब्द लिए गए हैं और सर्वत्र उसी पद्धति पर, जो हमने ऊपर बताई है। 'साहब'

जैसा शब्द तद्रूप और 'बाज़ार' का 'बाजार' 'बजार' 'बजरिया' जैसा 'शुद्ध' किया हुआ रूप। 'बाज़ार' 'ज़रूरत' 'फ़ायदा' आदि कहीं भी न मिलेगा। श्री मलिक मुहम्मद जायसी जैसे मुसलमान कवियों ने भी वैसे शब्द तद्भव रूप में ही लिए हैं। यह परम्परा परम वैज्ञानिक और भाषा की प्रवृत्ति के अनुकूल है; चल रही थी कि कुछ हिन्दी-लेखकों ने 'ज़रूरत' बोलना-लिखना शुरू कर दिया! उनका 'जरूरत' 'जरूरी'-जैसा उच्चारण सुनकर मुसलमानी हिन्दी (उर्दू) के लेखक कहीं हँस पड़े होंगे! वे उनके 'बिरहमन' तथा 'संसकीरत' पर तो हँसे नहीं; पर 'ज़रूरत' जैसे शब्द बोलने-लिखने लगे—ऐसा लिखने की प्रेरणा दूसरों को भी दी गई। इस पर एक लेख श्री बालमुकुन्द गुप्त ने कलकत्ते के 'भारतमित्र' में लिखा। उन दिनों 'सरस्वती' और 'भारतमित्र' ये दो ही प्रकाश-स्तम्भ हिन्दी के थे। गुप्त जी 'भारतमित्र' के सम्पादक थे और पहले उर्दू के 'अवध पंच' 'कोहनूर'-जैसे पत्रों का सम्पादन करके (उर्दू-जगत् में) यशस्वी हो चुके थे। गुप्त जी फारसी के भी विद्वान थे। महर्षि पं. मदनमोहन मालवीय गुप्त जी को हिन्दी में ले आए। गुप्त जी के हिन्दी-गुरु थे कानपुर-निवासी पं. प्रतापनारायण मिश्र। मिश्र जी भी उर्दू-फारसी खूब जानते थे।

गुप्त जी ने 'भारतमित्र' के ता. 19 फरवरी सन् 1900 के अंक में लिखा था—

''काशी की 'नागरीप्रचारिणी सभा' हिन्दी में बिन्दी चलाना चाहती है। यह बिन्दी अक्षर के ऊपर नहीं, नीचे हुआ करेगी। ('लड़ना' 'पढ़ना' आदि हिन्दी-शब्दों के नीचे लगनेवाली बिन्दी का जिक्र यहाँ नहीं है)। ऐसी बिन्दी लगाने का मतलब यह है कि उससे उर्दू (-गृहीत फारसी आदि) के शब्द हिन्दी में 'शुद्ध' लिखे-पढ़े जाएँ। हिन्दी में खाली 'ज' होता है और उर्दू में 'जीम' 'जाल' 'जे' 'ज्वाद' और 'ज़ोय'। 'जीम' के सिवा इन सब उर्दू अक्षरों का उच्चारण 'ज़े' के उच्चारण तुल्य होता है। 'ज़े' का उच्चारण जिह्वा के ऊपर के दाँतों के साथ मिलने से होता है।

'नागरीप्रचारिणी' वाले चाहते हैं कि हिन्दी के 'ज' के नीचे एक बिन्दी लगाकर उर्दू के 'ज़े' का उच्चारण करें। हिन्दी में ऐसा उच्चारण नहीं है; क्योंकि वास्तव में 'ज़े' 'जीम' का ही विकार है। वह फारसीवालों के कंठ की खराबी के सिवा और कुछ नहीं है। उस खराबी को 'नागरीप्रचारिणी' हिन्दी में भी धँसाना चाहती है। परन्तु इस धँसाने से लाभ क्या, इसका पता ठीक-ठीक नहीं लगता!

'ज़े'-'जाल' की खराबी उर्दू में यहाँ तक है कि बहुत लोग वर्षों शिक्षा पाने तथा लुगातों (कोश-ग्रन्थों) को कीड़ों की तरह चाट जाने पर भी 'ज़े'-'जाल' का भेद ठीक-ठीक नहीं जान सकते! कितनी ही बार वे इस झगड़े में पड़ते हैं कि अमुक शब्द 'जाल' से है, या 'ज़े' से! जब स्वयं उर्दूवालों की यह खराबी है, तो 'नागरीप्रचारिणी सभा' हिन्दी को पराये काँटों में क्यों घसीटना चाहती है? 'लज्जत'

'जाल' से होती है, 'लाजिम' 'जे' से, 'जरूर' 'ज्वाद' से और 'जाहिर' 'जोय' से। 'नागरीप्रचारिणी सभा' के रूल से नीचे एक बिन्दी लगा देने से सबका उच्चारण शुद्ध हो गया! परन्तु इसमें 'जाल' 'ज्वाद' और 'जोय' की पहचान क्या रही? यदि 'जाल' 'ज्वाद' 'जोय' का फर्क रखना मंजूर नहीं है, तो बिन्दी लगाने की जरूरत नहीं और यदि इन सबमें भेद समझा जाता है, तो फिर 'जाल' 'ज्वाद' 'जोय' की भी कुछ पहचान रहनी चाहिए। नागरीप्रचारिणी सभावालों से हमारा प्रश्न यह है कि इस बिन्दी से उर्दू न जाननेवालों का क्या उपकार होता है? वे कैसे जानेंगे कि किस शब्द के नीचे बिन्दी लगानी चाहिए? क्या आप लोग बिन्दी लगा-लगाकर उर्दू-शब्दों का कोश उनके लिए तैयार कर देंगे? और हिन्दीवाले उसे 'मियाँ मिट्ठू' की तरह दिनभर रटा करेंगे? यदि ऐसा होगा, तो आप लोगों की हिन्दी, खुदा के फजल से, उर्दू से भी सरल हो जाएगी और तीन महीने की जगह तीन तीए नौ वर्षों में सीखी जाएगी और यदि उर्दू न जाननेवालों को हिन्दी न आएगी, तो आप लोगों की हिन्दी में लबड़-धोंधों मच जाएगी। कोई बिन्दी लगाएगा, कोई नहीं लगाएगा!

बिन्दी की बीमारी 'नागरीप्रचारिणी सभा' के जन्म लेने से भी पहले लोगों को हो चुकी है। वृन्दावन-निवासी पं. राधाचरण जी गोस्वामी ने नागरीदास जी-कृत, 'इश्क चमन' छापा था। उसमें उन्होंने उर्दू-शब्दों में खूब बिन्दी की भरमार की थी; यहाँ तक कि जिन शब्दों के नीचे बिन्दी (नागरीप्रचारिणी के रूल से भी) न लगानी चाहिए, उनके नीचे भी उन्होंने बिन्दी लगा दी थी! स्व. पं. प्रतापनारायण मिश्र उसे पढ़ते-पढ़ते लोट-पोट हो गए थे और कहा था कि "यह बिन्दी की बीमारी हिन्दीवालों को अच्छी लगी! यह इन्हें बहुत दूर तक खराब करेगी!"

'नागरीप्रचारिणी सभा' के ही मेम्बरों में एक बहुत बड़े आदमी हैं, जो हिन्दी-अंग्रेजी के बड़े पंडित हैं। वे 'वकील' शब्द में 'बड़ा काफ' बोलते थे। वे समझते थे कि 'बड़ा काफ' बोलने से ही उर्दू हो जाती है! हमने उनको समझाया कि साहब, 'वकील' 'छोटे काफ' से ही है, 'बड़े काफ' से नहीं! इसी तरह बिन्दी की बीमारी में पड़कर उर्दू न जाननेवालों को बड़ी ठोकरें खानी पड़ती हैं।

यदि 'सभा' के इस नियम पर हिन्दीवाले चल पड़ें, तो बीच ही में बेड़ा पार हो जाएगा! इसी से हमें सावधान करना पड़ा है कि लेखक लोग आँख खोलकर चलें, 'नागरीप्रचारिणी' की लकड़ी पकड़ कर न चलें। 'सरस्वती' पत्रिका में 'मोगल' शब्द लिखकर 'ग' के नीचे बिन्दी लगाई गई है। बिन्दी का तो खयाल किया, परन्तु शब्द के ठीक उच्चारण का कुछ भी विचार नहीं किया कि शब्द 'मुगल' है, 'मोगल' नहीं है। 'तहकीकात' शब्द दो जगह 'सरस्वती' में आया है, पाँचवें पृष्ठ पर। वह दोनों जगह बिन्दी-शून्य है। 'सरस्वती' में एक जगह 'शेख सादी' का नाम आया है। 'शेख' में जो 'ख' है, उसके नीचे बिन्दी है; परन्तु 'सादी' के बीच

में जो 'ऐन' है, उसे लेखक ने 'गैन' कर दिया है। उधर 'शेख' शब्द भी अरबी का 'शैख' है। जब 'शुद्ध' उच्चारण ही करना था, तो बेचारे 'शैख' की मिट्टी खराब क्यों की?

उर्दू में 'ते' होती है, 'तोय' होती है। दोनों के उच्चारण में नागरीप्रचारिणी सभा ने क्या भेद रखा है, सो हमें मालूम नहीं। 'से' 'सीन' और 'स्वाद', इन तीन अक्षरों का उच्चारण एक ही सा होता है। इन में आप लोग क्या भेद रखना चाहते हैं? 'अलिफ' और 'ऐन' का भी कुछ भेद नहीं मालूम पड़ा। 'सरस्वती' पत्रिका में एक जगह 'अरक' लिखा है! इस प्रकार की घसीटन में हिन्दी को क्यों फँसाया जा रहा है; इस बात का उत्तर नागरीप्रचारिणी सभा वालों को देना चाहिए; तब वे दूसरों को अपने चलाए रूल पर चलने का डंका बजा सकते हैं।''

'सरस्वती' के जनवरी (1900) वाले अंक का हवाला गुप्त जी ने शायद दिया है; क्योंकि फरवरी का उनका यह लेख है। तब तक आचार्य द्विवेदी 'सरस्वती' के सम्पादक न थे, बाबू श्यामसुन्दर दास बी.ए. थे, जो हिन्दी-अंग्रेजी के पंडित थे। 'सभा' के ही निर्देशन में 'सरस्वती' चल रही थी। अब तो 'सभा' तथा 'सम्मेलन' के भी सब प्रकाशन नीचे बिन्दी लगाए बिना ही 'जरूरी' बाहरी शब्द लेते हैं। परन्तु सन् 1937-38 तक काफी धमाचौकड़ी थी। नीचे बिन्दी लगाने की चाल जोरों पर थी। मैं कुछ लिख रहा था, जिसमें 'जायका' शब्द जम रहा था; पर मैं यह न समझ सका कि नीचे बिन्दी कहाँ दी जाए और कहाँ न दी जाए! कदाचित् 1935 की बात है। तब तक मैंने गुप्त जी का ऊपर उद्धृत लेख न देखा था। वह तो (गुप्त जी के सुयोग्य पुत्र) श्री नवलकिशोर गुप्त की कृपा से देखने को मिला, जब पं. झाबरमल शर्मा से सम्पादन कराके उन्होंने 'बालमुकुन्द गुप्त-निबन्धावली' सन् 1950 में प्रकाशित कराई और उसकी एक प्रति स्नेह-वश मेरे पास भेजी। इस लेख से बड़ा बल मिलता। खैर, मैं अपने ही बल पर (विदेशी शब्दों के नीचे) बिन्दी लगाने का विरोध करने लगा। सिद्धान्त मेरे सामने था—भाषा की प्रकृति। मैंने लेख लिखे और कहा कि जब फारसी आदि को नागरी लिपि में लिखना हो, तब नीचे बिन्दी लगाई जा सकती है और उर्दू-फारसी के पद्य आदि उद्धृत करने में भी नीचे बिन्दी लगा सकते हैं; परन्तु हिन्दी में उसकी कतई जरूरत नहीं।

सन् 1938 में 'हिन्दी साहित्य-सम्मेलन' का अधिवेशन शिमला-शैल पर हुआ। उसमें मैंने एक प्रस्ताव रखा कि फारसी आदि के शब्द (हिन्दी में) नीचे बिन्दी लगाए बिना ही लिखे जाया करें। पं. कृष्णकान्त मालवीय तथा डा. गोकुलचन्द नारंग जैसे विद्वानों ने विरोध किया; पर जब मैंने भाषण देकर सब स्पष्ट किया, तो सब मान गए। प्रस्ताव पास हो जाने पर मैंने प्रचारात्मक लेख लिखे और वस्तुतः इसी सिद्धान्त को नींव में रखने के लिए 'लेखन-कला' पुस्तक लिखी।

हवा बदली; पर दिया तले अँधेरा! 'सम्मेलन' के प्रकाशन नीचे बिन्दी लगाकर ही चलते रहे! सन् 1943 तक यही रहा। इस समय श्री रामचन्द्र टंडन 'सम्मेलन' के साहित्य-मंत्री थे। उन्हें लिखा कि आप 'सम्मेलन' के प्रकाशनों में 'शिमला-अधिवेशन' के भाषा-सम्बन्धी प्रस्ताव का ध्यान रखा करें। परन्तु टंडन जी ने मेरे निवेदन की उपेक्षा कर दी! तब मैंने 'सम्मेलन' के तत्कालीन अध्यक्ष पं. माखनलाल चतुर्वेदी को लिखा कि 'सम्मेलन' के साहित्य-मंत्री 'सम्मेलन' के भाषा-सम्बन्धी प्रस्ताव की उपेक्षा कर रहे हैं, इन्हें रोकिए; नहीं तो हम इन पर अविश्वास का प्रस्ताव लाकर हटा देंगे। चतुर्वेदी जी ने अध्यक्ष के रूप में टंडन जी को निर्देश दिया और तब वह बिन्दी की बीमारी हिन्दी से हटी, जिसके लिए गुप्त जी ने सन् 1900 के प्रारम्भ में और पं. प्रतापनारायण मिश्र ने इससे भी पहले कोशिश की थी। अब यह बीमारी वैसी नहीं; पर कहीं-कहीं गाफिल लोगों पर चढ़ बैठती है।

बस, संक्षेप से इस अध्याय में इतना ही कहना जरूरी था। सर्वत्र हिन्दी की प्रकृति, धारा, सरलता, भ्रम-सन्देह से बचाव; यही देखने की चीजें हैं—सूत्र हैं। अनावश्यक शब्द न लेने चाहिए। 'लाठी-वर्षा' की जगह 'लाठी चार्ज' क्या जरूरी है? 'साहब ने चार्ज ले लिया' में 'चार्ज' का मतलब तो चपरासी भी समझ जाता है; पर 'लाठी' के साथ 'चार्ज' का समास कर के जो शब्द बनाया जाता है, उसमें 'चार्ज' का क्या मतलब? 'चार्ज' माने 'वर्षा'? तब फिर 'वर्षा' ही क्या बुरा?

पंचम अध्याय

वाक्य-विन्यास

इस पुस्तक का यह अध्याय सबसे अधिक महत्त्वपूर्ण और सबसे अधिक उपयोगी है; उसी तरह, जैसे कि मेरी पुस्तक 'संस्कृति का पाँचवाँ अध्याय' का पाँचवाँ अध्याय। इसके लिए कुछ अधिक पृष्ठ सुरक्षित रखने थे; इसीलिए पीछे के अध्याय पर्य्याप्त छोटे रखे गए। पुस्तक बड़ी न हो जाए, यह ध्यान रखना जरूरी था। इस अध्याय की यह भूमिका इसलिए कि आप जरा सावधानी से पढ़ें। भाषा-सम्बन्धी उलझनें वाक्य-विन्यास में ही आती हैं और उन्हें सुलझाना सरल नहीं, सबका काम नहीं। हिन्दी यद्यपि स्वतः पूर्ण, सुलझी हुई, सरल भाषा है; पर बहुधा 'अति' व्याकरण का ध्यान रखनेवाले उलझनें पैदा कर देते हैं और फिर वे उलझनें दूसरों को बहुत तंग करती हैं।

वाक्य का गठन

हिन्दी का वाक्य-गठन अत्यन्त सरल है। सन्देह-भ्रम को गुंजाइश नहीं। संस्कृत में विभक्ति लगाए बिना शब्दों का प्रयोग नहीं होता; पर यहाँ ऐसा नहीं है। अनावश्यक यहाँ कुछ भी नहीं। विभक्ति का प्रयोग तभी होता है, जब उसकी जरूरत हो। अन्यथा प्रातिपदिक का ज्यों-का-त्यों प्रयोग होता है। 'राम' 'गोविन्द' 'राजा' 'माता' 'पिता' आदि प्रातिपदिक हैं। इन्हीं में 'ने' 'को' आदि विभक्तियाँ लगती हैं। परन्तु विभक्ति के बिना भी ये 'पद' बन जाते हैं—चलने लगते हैं। 'राम' 'राजा' आदि पृथक्-पृथक् प्रातिपदिक हैं; परन्तु जब वाक्य में आ जाते हैं—चलने की स्थिति में होते हैं, तो 'पद' कहलाते हैं। 'राम' प्रातिपदिक है और यही प्रातिपदिक 'राम जाता है' में 'पद' है। 'राम' में कोई विभक्ति नहीं, पर वाक्यांश होने से वह 'पद' है। इसी तरह 'आ' 'जा' 'धो' आदि 'धातु' हैं। संस्कृत में धातु-मात्र का प्रयोग नहीं होता, जब तक 'ति' आदि कोई क्रिया-विभक्ति न लग जाए। परन्तु

हिन्दी में ऐसा नहीं। धातु-मात्र का—कोई विभक्ति लगे बिना ही—यथास्थान प्रयोग होता है और तब वह (वाक्य-प्रयुक्त) 'धातु' भी 'पद' का पद पाती है। 'आ' 'जा' आदि धातु-शब्द हैं; पर 'तू जा' 'तू आ' 'तू सो जा' 'तू उठ जा' आदि में 'जा'-'आ' आदि 'पद' हैं। 'उठ जा' में 'उठ' तथा 'जा' इन दो धातुओं से मिलकर एक 'पद' है। यानी 'उठ जा' एक 'पद' है। दोनों सम्मिलित रूप से चल रहे हैं। परन्तु 'राम ने रोटी खायी थी' में 'राम' प्रातिपदिक 'ने' विभक्ति के साथ है और 'खा' धातु भी प्रत्यय-विभक्ति के साथ है। स्पष्ट हुआ कि हिन्दी में अनावश्यक विभक्ति-प्रत्यय आदि नहीं लगते।

'राम फल देखता है'

इस वाक्य में 'फल' विभक्ति-रहित पद है; पर—

'राम लड़के को देखता है'

इस वाक्य में 'लड़का' प्रातिपदिक 'को' विभक्ति के साथ 'पद' है। यदि इससे विभक्ति का सहारा हटा लिया जाए, तो धम से गिर पड़ेगा—चलेगा नहीं, 'पद' न रहेगा। लँगड़े को बैसाखी का सहारा समझिए। 'राम लड़का देखता है' न होगा। आप कहेंगे कि 'लड़का' सप्राण है और 'फल' जड़ है; इसीलिए एक जगह विभक्ति है, अन्यत्र नहीं। यानी जड़ पदार्थ 'कर्म' हो, तो 'को' विभक्ति नहीं लगती, चेतन में लगती है। परन्तु नीचे के प्रयोग देखने से वह बात कट जाती है—

राम ने लड़का देखा
मैं लड़का देखता हूँ
कन्या वर खोजती है

यहाँ 'कर्म' चेतन हैं; और फिर भी 'को' नहीं है। अर्थ-विशेष प्रकट करने के लिए 'को' लगाएँ, यह अलग बात है; किन्तु ऊपर के वाक्य गलत नहीं हैं। परन्तु 'राम लड़का देखता है' गलत है। यहाँ कर्म कारक 'को' विभक्ति के साथ चाहिए। क्यों? इसलिए कि उसके बिना कर्तृत्व-कर्मत्व स्पष्ट नहीं। भ्रम रहेगा कि देखनेवाला कौन है! कौन किसे देखता है, पता न चलेगा! यह इसलिए कि दोनों के आँखें हैं—दोनों देख सकते हैं। हिन्दी में—विशेषतः हिन्दी-पद्य में—कारकों का क्रम-बन्धन नहीं है। जोर देने के लिए पद इधर-उधर कर दें, तो भी कारक-भ्रम न होगा; इसलिए कि यहाँ वैज्ञानिक व्यवस्था है। 'राम फल देखता है' 'राम घर देखता है' में स्पष्टतः कर्ता 'राम' है; 'फल' या 'घर' नहीं। आँखें 'राम' के ही हैं; फल या घर के नहीं कि वे देख सकें! तब भ्रम को या सन्देह को अवसर कहाँ? परन्तु 'राम लड़के को देखता है' 'लड़का राम को देखता है' यहाँ 'को' से ही कर्मत्व प्रकट होगा; क्योंकि आँखें दोनों के हैं। यदि 'को' न हो, तो भ्रम होगा, सन्देह होगा। 'राम ने लड़का देखा' यहाँ कर्म के आगे कोई विभक्ति नहीं है; तो भी भ्रम-सन्देह नहीं; क्योंकि 'ने' विभक्ति से कर्तृत्व प्रकट हो गया। तब दूसरा कर्म

है ही। कर्म में 'को' लग गई, तब दूसरा कर्ता असन्दिग्ध है। 'कन्या वर खोजती है' में क्रिया की स्त्रीलिंगता–'खोजती है'–से स्पष्ट है कि कर्ता 'कन्या' है। तब 'वर' कर्म है ही। 'लड़की मा खोजती है' न होगा, न 'भानजा मामा खोजता है'। कर्म में 'को' लगाना जरूरी है। 'मैं लड़का देखता हूँ' अर्थ-विशेष में सही प्रयोग है। 'हूँ' उत्तम पुरुष एकवचन से स्पष्ट है कि कर्ता 'मैं' है। ये सब व्याकरण की बातें हैं। यहाँ इतना केवल यह बतलाने के लिए कि हिन्दी में विभक्तियों का अनावश्यक प्रयोग नहीं होता; कहीं-कहीं तो बहुत भद्दा हो जाता है–

राम खाने को खा रहा है
खाने को खा लीजिए

ये प्रयोग भद्दे और उद्वेजक हैं। यहाँ 'को' की जरूरत नहीं। कर्तृत्व-कर्मत्व स्वतः स्पष्ट हैं। 'खाना' राम को नहीं खा सकता। इसलिए 'को' व्यर्थ है। उद्वेजक इसलिए कि ऐसी जगह कर्म में 'को' लगाने से कर्ता का पशुत्व प्रकट होता है, राक्षसत्व सा व्यंजित होता है; क्योंकि–

राक्षस मनुष्य को खा जाता है।

इस तरह के प्रयोग होते हैं। कभी लाक्षणिक प्रयोग करना हो, तो भी 'को' चाहिए–

भोजन मनुष्य को खाने लगता है, यदि भूख के
बिना खाया जाए।

यहाँ कर्म 'मनुष्य' है, 'को' विभक्ति के साथ। यदि 'को' न हो, तो ठीक न रहेगा। 'साँप नेवला मार देता है' में कर्म 'को' विभक्ति के साथ चाहिए–'साँप को नेवला मार देता है' या 'साँप नेवले को मार देता है'। दोनों ही एक दूसरे को मार सकते हैं, दाँव लगने की बात है। सो, 'को' विभक्ति के बिना वक्ता का आशय स्पष्ट न होगा और यदि स्पष्टता न आई, तो भाषा का पैदा होना ही व्यर्थ! परन्तु 'साँप मेढक खाता है' यहाँ कर्म (मेढक) 'को' विभक्ति के बिना भी असन्दिग्ध है; क्योंकि साँप ही मेढक को खा सकता है, मेढक साँप को नहीं।

संक्षेप यह कि विभक्तियों का अनावश्यक प्रयोग हिन्दी नहीं करती।

'इस पुस्तक को लिखकर.....ने हिन्दी का बड़ा
उपकार किया है'

यह वाक्य गलत है। यहाँ 'को' विभक्ति लगाना गलती है। 'यह पुस्तक लिखकर' चाहिए। 'जुलाहे ने धोती बनाई' होगा, 'धोती को बनाई' नहीं। 'जुलाहे ने धोती बनाकर ही दम लिया'–'धोती को बनाकर' नहीं। हाँ, बनी-बनाई धोती में किसी ने कुछ खूबी-खराबी पैदा कर दी हो, तब जरूर 'को' का प्रयोग होगा–'उस रद्दी धोती को भी लड़की ने अच्छा बना लिया' ठीक। 'वह रद्दी धोती भी लड़की ने अच्छी कर ली' यों 'को' के बिना भी, यदि 'बनाना' क्रिया का प्रयोग न हो। कारण, धोती तो जुलाहे ने बनाई है, न कि 'लड़की' ने। इसने उसे अच्छा बना

लिया है; यह अलग बात है। 'लड़की ने धोती को अच्छा बना लिया' ठीक; परन्तु 'जुलाहे ने धोती को बना लिया' गलत! 'जुलाहे ने धोती बना ली' शुद्ध प्रयोग है। 'राम ने अपना लड़का अच्छा बनाया और गोविन्द ने अपनी लड़की अच्छी बनाई' ये ऐसे प्रयोग गलत हैं। न राम ने लड़का बनाया है, न गोविन्द ने लड़की बनाई है। उनमें अच्छापन जरूर लाए हैं। सो, सही प्रयोग हैं–

राम ने अपने लड़के को अच्छा बना लिया
गोविन्द ने अपनी लड़की को अच्छा बना लिया
पाल-पोसकर माँ ने लड़की को इतना बड़ा बनाया

अर्थात्–ऐसी जगह सकर्मक क्रिया 'को'-विभक्ति से युक्त कर्म-कारक चाहती है और वह (क्रिया) भाववाच्य रहती है–पुल्लिंग-एकवचन।

'राम ने अपना घर अच्छा बनाया'

ठीक है। परन्तु 'घर' का यदि 'घर के लोगों' के लिए लाक्षणिक प्रयोग हो, तब–

राम ने अपने घर को अच्छा बना लिया

अन्यथा–

राम ने अपना घर अच्छा बना लिया

सो, 'इस पुस्तक को लिखकर...ने हिन्दी का बड़ा उपकार किया है' गलत प्रयोग है। पुस्तक पहले से तैयार नहीं रखी थी, जिसे फिर किसी ने लिखा हो!

'राम की बगल में गोविन्द का घर है'

ऐसे गलत प्रयोग भी वे लोग करते हैं, जो 'व्याकररण' का 'अति' ध्यान रखते हैं। सोचते हैं, 'बगल' शब्द स्त्रीलिंग है, तब 'राम के बगल में' कहना गलत है! इसीलिए वे 'राम की बगल में' कहते-लिखते हैं! साधारण जन बोलते हैं–'राम के बगल में गोविन्द का घर है'। इसी तरह 'राम की ओर' और 'राम के चारों ओर' जैसे प्रयोग देखकर हिन्दी के बड़े-बड़े 'शब्द-साधक' इस भ्रम के शिकार हो गए हैं कि 'ओर' शब्द कभी-कभी पुल्लिग भी हो जाता है! यानी 'राम के चारों ओर' में 'ओर' शब्द को पुल्लिग बतलाया गया है! और 'राम के लड़की हुई' 'गोविन्द के चार गौएँ हैं' ऐसे प्रयोगों को इसलिए गलत समझा गया है कि 'लड़की' तथा 'गौ' शब्द स्त्रीलिंग हैं, तब 'के' कैसे! और 'की' ठीक बैठता नहीं है; इसलिए लिखते हैं–'राम को लड़की हुई है' 'गोविन्द को चार गौएँ हैं' इत्यादि! यानी अपने भाषा-भ्रम को व्याकरण कहते हैं और फिर उसके अनुसार भाषा को चलाते हैं–चलाने का उद्योग करते हैं!

वस्तुतः ये प्रयोग एकदम गलत हैं, हिन्दी-व्याकरण के विरुद्ध हैं–

राम की बगल में गोविन्द रहता है
राम को लड़की हुई, गोविन्द को लड़का हुआ
राम को चार गौएँ हैं, इत्यादि।

शुद्ध और टकसाली प्रयोग ये हैं—

राम के बगल में गोविन्द रहता है

राम के लड़की हुई, गोविन्द के लड़का हुआ

राम के चार गौएँ हैं, इत्यादि।

राम की 'बगल' में गोविन्द का 'घर' कैसे हो सकता है और वहाँ कोई आदमी रह कैसे सकता है? चींटी जरूर रह सकती है। यदि लाक्षणिक प्रयोग हो, 'कब्जे में रखना' अर्थ हो, तो 'दबोच रखने' का, या 'राम गोविन्द को अपनी बगल में रखता है' जरूर कहा जाएगा; जैसे 'रावण को बहुत दिन तक बालि ने अपनी बगल में रखा।' परन्तु जब ऐसा न हो, तो कोई मनुष्य या उसका घर किसी की बगल में रहे, यह असम्भव है। 'राम के बगल में गोविन्द बैठा था' 'राम के बगल में गोविन्द का घर है' ऐसे शुद्ध प्रयोग हैं; क्योंकि ऐसी जगह 'बगल' शब्द अंगवाचक नहीं, दिशा बतलाता है; दिशा के अर्थ में है और दिशा-वाचक शब्दों की उपस्थिति में 'के' विभक्ति का प्रयोग होता है, तद्धित-प्रत्यय का नहीं कि 'भेदक' के अनुसार स्त्रीलिंग में 'की' रूप हो! बात समझने के लिए यहाँ सम्बन्ध-प्रत्यय और सम्बन्ध-विभक्ति का स्वरूप तथा भेद समझ लेने की जरूरत है।

सम्बन्ध-प्रत्यय और सम्बन्ध-विभक्ति

हिन्दी में 'सम्बन्ध' प्रकट करने के लिए सम्बन्ध-विभक्ति के साथ-साथ सम्बन्ध-प्रत्यय भी चलते हैं; पर विभक्ति और प्रत्यय के प्रयोग-क्षेत्र भिन्न-भिन्न और स्पष्ट हैं।

'क' 'र' और 'न' हिन्दी के सम्बन्ध-प्रत्यय हैं। इन तद्धित-प्रत्ययों में हिन्दी की पुंविभक्ति लगकर 'का' 'रा' 'ना' रूप हो जाते हैं—'राम का कपड़ा' 'मेरा कपड़ा' 'अपना कपड़ा'। बहुवचन में 'आ' की जगह 'ए' हो जाता है और स्त्रीलिंग में 'ई'—'राम के कपड़े' 'राम की धोती' आदि। इन्हीं प्रत्ययों में ब्रजभाषा तथा राजस्थानी अपनी 'ओ' विभक्ति लगाकर राम को' 'मेरो' 'अपनो' यों 'को' 'रो' 'नो' रूप 'क' 'र' 'न' के बना लेती है। पूरब में न 'आ' विभक्ति लगती है, न 'ओ' ही; प्रत्यय मात्र चलते हैं—'सखि, हमर दुखक न छोर'। बीच में (अवधी में) 'हमार' 'तुम्हार' रूप और मैथिली में 'हमर' जैसे।

संक्षेप यह कि हिन्दी में 'क' 'र' तथा 'न' सम्बन्ध-प्रत्यय हैं, जिनमें संज्ञा-विभक्ति 'आ' और 'ओ' लगकर 'राम का'-'राम को' तथा 'मेरा'-'मेरो' जैसे रूप होते हैं। ये रूप 'भेदक' के अनुसार रहते हैं, जैसा कि संस्कृत में भी है। 'तव पुत्रः' 'तव कन्या' में सम्बन्ध-विभक्ति है; एकरस; 'पुत्रः' तथा 'कन्या' के साथ एक जैसा रूप 'तव'। परन्तु संज्ञा-विभक्ति न देकर सम्बन्ध-तद्धित से भी बात कही जाती है। संस्कृत में 'ईय' सम्बन्ध-तद्धित प्रत्यय से 'त्वदीय' 'मदीय'

रूप बने, जिनमें संज्ञा-विभक्ति लगकर 'त्वदीयः' 'मदीयः' रूप; जैसे हिन्दी में 'क' 'र' के 'का' 'रा' रूप—'राम का' 'मेरा'। संस्कृत की ही तरह 'भेदक' के अनुसार ये रूप बदलेंगे—

त्वदीयः पुत्रः पठति—**तेरा लड़का** पढ़ता है

त्वदीयाः पुत्राः पठन्ति—**तेरे लड़के** पढ़ते हैं

त्वदीया कन्या पठति—**तेरी लड़की** पढ़ती है

इसी तरह 'राम का लड़का' 'राम की लड़की' आदि। परन्तु विभक्ति कभी न बदलेगी, भेदक के अनुसार अपना रूप-परिवर्तन न करेगी, सदा एकरूप रहेगी—

रामस्य पुत्रः जातः—**राम के** लड़का हुआ

रामस्य कन्या जाता—**राम के** लड़की हुई

तव पुत्रः जातः—**तेरे** लड़का हुआ

तव कन्या जाता—**तेरे** लड़की हुई

इसी तरह—

रामस्य चतस्रः गावः सन्ति—**राम के** चार गौएँ हैं

तव एका अजा अस्ति—**तेरे** एक बकरी है

यानी विभक्तियाँ 'तव'-'मम' तथा 'तेरे'-'मेरे' 'राम के' आदि में एक रूप रहेंगी, कभी बदलेंगी नहीं।

इन विभक्तियों की जगह तद्धित प्रत्यय नहीं दे सकते—

त्वदीयः पुत्रः जातः—तेरा लड़का हुआ

त्वदीया कन्या जाता—तेरी लड़की हुई

त्वदीयाः चतस्रः गावः सन्ति—तेरी चार गौएँ हैं

ये प्रयोग गलत हैं। यहाँ सम्बन्ध-विभक्ति चाहिए। यानी उत्पत्ति या अस्तित्वमात्र कहना हो, तब विभक्ति का ही प्रयोग होता है; परन्तु ('भेद्य' के सम्बन्ध में) कुछ और कहना हो, तब तद्धित प्रत्यय चलता है—

तेरा लड़का पढ़ता है—त्वदीयः पुत्रः पठति

तेरी लड़की पढ़ती है—त्वदीया कन्या पठति

हिन्दी की व्यवस्था अडिग है। यहाँ विभक्ति-प्रयोग न होगा—'तेरे लड़का पढ़ता है' न बोला जाएगा; सदा तद्धित प्रत्यय 'तेरा लड़का पढ़ता है'। परन्तु संस्कृत में ऐसी जगह भी विभक्ति चलती है—'त्वदीया कन्या पठति' तद्धित-सम्बन्ध के साथ-साथ 'तव कन्या पठति' विभक्ति से भी। हिन्दी में पूरी व्यवस्था है—

राम के लड़की हुई

और—

राम की लड़की पढ़ती है

हिन्दी में 'का' 'रा' 'ना' को विभक्ति समझा जाता रहा है। 'भेदक' के अनुसार

इनके बहुवचन 'के' 'रें' 'ने' तथा स्त्रीलिंग 'की' 'री' 'नी' रूप बतला कर भी इन्हें विभक्ति कहा जाता रहा है! सो गलती है। ये सम्बन्ध-प्रत्यय हैं; तद्धित-प्रत्यय हैं, जो सम्बन्ध प्रकट करते हैं। और 'के' 'रे' तथा 'ने' हिन्दी की सम्बन्ध-विभक्तियाँ हैं, जो भेदक के अनुसार बदलती नहीं हैं–

अपने तो चार **गौएँ** हैं
तुम्हारे एक **भैंस** है
उनके एक **बैल** है
राम के चार **बकरियाँ** हैं
तेरे **लड़की** हुई, आदि

ये 'के' 'रे' तथा 'ने' विभक्तियाँ लोगों को अज्ञात थीं। इसीलिए झमेला था और लोग कुछ का कुछ कहते थे।

दिशा-वाचक शब्दों के योग में सम्बन्ध विभक्ति का ही प्रयोग होता है, सम्बन्ध-प्रत्यय का नहीं–

राम के बाईं ओर
तेरे दाहिनी ओर

'ओर' शब्द सामान्य दिशा-वाचक है; जिसके विशेषण हैं–'बायाँ'-'दाहिना'। 'ओर' शब्द स्त्रीलिंग है, इसलिए उसके विशेषण भी स्त्रीलिंग–'बाईं' 'दाहिनी'। 'किसके बाईं ओर' और किसके 'दाहिनी ओर'?

राम के बाईं ओर
गोविन्द के दाहिनी ओर

संस्कृत का 'दिशा' शब्द भी (हिन्दी के 'ओर' की ही तरह) सामान्य = दिशा-वाचक है। केवल 'दिशा' या 'ओर' शब्द किसी विशेष दिशा को नहीं बतला सकते। इसलिए इनके विशेषण दिए जाते हैं–

'दक्षिणस्यां दिशायाम्' 'उत्तरस्यां दिशि'

इसी तरह हिन्दी में

'दक्खिन की ओर' 'उत्तर की ओर'

'दक्खिन की' 'उत्तर की' विशेषण हैं, 'ओर' शब्द के। तद्धित प्रत्यायान्त विशेषण समझिए। संस्कृत में दूसरी तरह से विशेषण हैं।

सो, 'राम के चारों ओर' 'राम के बाईं ओर' आदि में 'ओर' शब्द पुल्लिग नहीं है। 'के' विभक्ति के कारण वैसा भ्रम हुआ है। परन्तु बहुत्व का भ्रम क्यों नहीं हुआ? भ्रम ही ठहरा! उसमें व्यवस्था क्या!
और–

'राम की ओर' 'मेरी ओर'

इस तरह के प्रयोगों में सम्बन्ध-तद्धित है, सम्बन्ध-विभक्ति नहीं। यानी यहाँ 'राम'

तथा 'मैं' स्वयं ही दिशा के अर्थ में हैं, 'ओर' के विशेषण हैं; इसीलिए स्त्रीलिंग हैं—'राम की ओर' 'मेरी ओर'। 'राम के दाहिनी ओर' में दिशा 'दाहिनी' है। किस के दाहिनी ओर? 'राम के दाहिनी ओर'। परन्तु 'राम की ओर देखो' में 'राम' स्वयं दिशा है; इसीलिए 'ओर' का विशेषण स्त्रीलिंग—'राम की ओर'। 'राम को देखो' में 'राम' कर्म कारक है, दिशा नहीं।

ये सब बातें व्याकरण की हैं। प्रसंग-प्राप्त चर्चा है। इतना समझ लेना चाहिए कि 'राम की बगल में गोविन्द का घर है' और 'राम को लड़की हुई' जैसे प्रयोग गलत हैं। 'राम को कै हुई' ठीक है; 'राम को लड़की हुई' गलत।

'शाह और बेगम सुरैया विमान से उतरीं'

इस तरह के प्रयोग देखने में आते हैं, जो हिन्दी व्याकरणों के उस 'नियम' का पालन है, जिसमें कहा गया है कि वाक्य में अनेक कर्ता-कारक हों, तो अन्तिम कर्ता के अनुसार क्रिया के लिंग-वचन आदि होते हैं। परन्तु ऊपर उद्धृत वाक्य गलत है। व्याकरण के उस 'नियम' का अपवाद देना यदि व्याकरणकार भूल गया, या उसे भाषा की गतिविधि का पूरा पता नहीं, तो भाषा उसकी परवा न करेगी, अपने रास्ते जाएगी। स्त्री और पुरुष कर्ता-कारक के रूप में एक जगह हों, तो क्रिया पुल्लिग होगी; स्त्री कर्ता का प्रयोग अन्त में होने पर भी क्रिया उसके अनुसार न होगी। हिन्दी की ब्रजभाषा तथा अवधी जैसी साहित्य-समृद्ध 'बोली'-बहनों की भी यही स्थिति है—

'देखि रूप मोहे नर-नारी'

तुलसी का प्रयोग है। 'नारी' का प्रयोग अन्त में होने पर भी क्रिया पुल्लिग है—'मोहे'। ब्रजभाषा में—'सबै ग्वाल गोपी मुरझाए'—'मुरझाईं' नहीं। हिन्दी के महान् साहित्यिकों ने प्रयोग किए हैं—'कश्यप और अदिति प्रणाम करते हैं'—'करती हैं' नहीं। उर्दू जो सँभालकर लिखते हैं, वे भी ऐसी जगह क्रिया स्त्रीलिंग नहीं करते। जिन्हें भाषा की नस-नाड़ी का ज्ञान नहीं, वे ही 'शाह और बेगम सुरैया विमान से उतरीं' लिखते हैं। चाहिए—'उतरे'। यदि 'बेगम सुरैया' के आगे 'उतरे' अच्छा नहीं लगता, तो साथ में 'दोनों' शब्द ला दीजिए। यदि यह भी अच्छा न लगे, तो 'बेगम सुरैया' को सम्मान दीजिए—प्रथम प्रयोग कर दीजिए—'बेगम सुरैया और शाह विमान से उतरे'। अधिक औचित्य के लिए—'बेगम सुरैया के साथ शाह विमान से उतरे' रखिए। कुछ भी हो, 'उतरीं' स्त्रीलिंग क्रिया न होगी। इसका कारण है।

स्त्रीलिंग और पुल्लिग कर्ता-कारक जब एक क्रिया से अन्वित हों, तो क्रिया पुल्लिग क्यों होती है? इसलिए कि उसका अन्वय तब उभयत्र हो जाता है। कारण यह कि हिन्दी में 'सामान्य' प्रयोग पुल्लिग होता है। 'कौन कहता है कि हिन्दी इस राष्ट्र की भाषा नहीं?' यहाँ 'कहता है' पुल्लिग क्रिया से स्त्री-पुरुष सबका ग्रहण है। पर 'कहता है' की जगह 'कहती है' कर देने से स्त्री-मात्र का ग्रहण होगा,

पुरुषों का नहीं। 'हम सब मेले चलेंगे' कहने से घर के स्त्री-पुरुष और बच्चे-बच्चियाँ सभी आ जाते हैं। परन्तु 'हम सब मेले जाएँगी' कहने से पुरुषों का ग्रहण नहीं। रेल के जनाने डिब्बे में पुरुष नहीं बैठ सकते, पर मर्दाने में स्त्रियाँ भी बैठती हैं। यानी ये डिब्बे 'सामान्य' हैं, विशेष नहीं। 'बच्चे खेल रहे थे' में 'बच्चे' के साथ 'बच्चियाँ' भी समझी जाती हैं; पर 'बच्चियाँ खेल रही थीं' में 'बच्चियाँ' कहने से 'बच्चे' यानी 'लड़के' गृहीत नहीं। हाँ, एकवचन 'बच्चा खेल रहा था' कहें, तो उससे पु. प्रतीत होगा। यानी यहाँ 'बच्चा' शब्द सामान्य रूप से प्रयुक्त नहीं है। 'उतरे' और 'उतरीं' ऐसा एक ही वाक्य में क्रिया का द्विरूप प्रयोग अच्छा न लगेगा; इसलिए सामान्य प्रयोग 'उतरे'। इसी तरह 'कश्यप और अदिति प्रणाम करते हैं' कहने से क्रिया का अन्वय उभयत्र हो जाता है। सो, 'शाह और बेगम सुरैया विमान से उतरे' शुद्ध प्रयोग है और ऊपर जो हमने विवेचन दिया है, उसे ध्यान में रखने से खटक भी न मालूम होगी। 'मथुरा' 'गया' आदि नगर-वाचक शब्द स्त्रीलिंग हैं। साधारण जन भी 'आगरे का दालमोठ' और 'मथुरा के पेड़े' कहेगा। 'आगरा' पुल्लिंग है; इसलिए विभक्ति लगने पर अन्त्य 'आ' 'ए' बन जाएगा और 'मथुरा' स्त्रीलिंग, इसलिए ज्यों का त्यों रहेगा, 'मथुरे के पेड़े' न होगा। ऐसे कोई नियम साधारण जनों ने कहीं नहीं पढ़े हैं; फिर भी वे वैसा व्यवस्थित बोलते हैं और उसी के अनुसार व्याकरण बनता है। परन्तु साधारण जन और हिन्दी के विद्वान् भी रेल में बैठे हुए कह देते हैं—'मथुरा निकल गया'? तब यह वाक्य गलत न समझा जाएगा; क्योंकि 'मथुरा' से उनका मतलब है—'मथुरा स्टेशन'। इसी तरह 'मथुरा भी देख लिया' समझिए। 'मथुरा' याने 'मथुरा शहर'। इसी तरह 'शाह और बेगम सुरैया विमान से उतरे' में उन्हें कोई खटक न होगी, जो भाषा-पद्धति से परिचित हैं। अधकचरे लोग ('व्याकरण' का ध्यान करके) 'उतरे' में चकराते हैं और तब 'उतरीं' गलत लिख देते हैं! ऐसे ही लोग रेल में बैठे किसी यात्री के मुख से 'मथुरा निकल गया क्या'? सुन कर उसे गलत समझते हैं और ठीक करते हैं—'मथुरा निकल गई क्या?' पर इन बेचारों का दोष क्या? अपनी समझ से व्याकरण के नियम का पालन करते हैं! इन्हें क्या मालूम कि हिन्दी का व्याकरण अभी तक था कहाँ! तुम व्याकरण की चिन्ता भी वैसी क्यों करो! भाषा का प्रवाह देखना चाहिए।

'हिन्दी शिक्षा का माध्यम होगा'

ऐसे वाक्य सामने आ रहे हैं। 'शिक्षा का माध्यम हिन्दी होगा' यों व्यतिक्रम से भी बोलते-लिखते हैं। 'हिन्दी शिक्षा का माध्यम होगी' या 'शिक्षा का माध्यम हिन्दी होगी' यों 'हिन्दी' के अनुसार भी क्रिया-प्रयोग देखने में आता है। तो, आखिर शुद्ध प्रयोग क्या है, विचार करना है।

शुद्ध प्रयोग हैं—

हिन्दी शिक्षा का माध्यम होगी

शिक्षा का माध्यम हिन्दी होगी

अशुद्ध प्रयोग हैं—

हिन्दी शिक्षा का माध्यम होगा

शिक्षा का माध्यम हिन्दी होगा

तो, उस प्रवाह के विपरीत ये गलत प्रयोग क्यों होने लगे? प्रवाह भी बदल दिया जाता है, यदि गलत रास्ता पकड़े। गंगा का प्रवाह अपने रास्ते जाता है; ठीक है। परन्तु किसी कारण से प्रवाह का रुख किसी नगर की ओर हो जाए, तो उसे बचाने का उद्योग करना होगा और प्रवाह को पूर्ववत् करना होगा; जैसे 'छह' की जगह हिन्दी-लेखकों में 'छः' चल पड़ा था और उसे फिर 'छह' किया गया। पुनः 'छह' न करने से खतरा था कि किसी दिन लोग 'ग्यारह' 'बारह' आदि को भी 'ग्यारः' 'बारः' जैसा न लिखने लगें! 'बेहूदह' आदि को तो 'बेहूदः' जैसा लिखने भी लगे थे, 'ज्यादह' को 'ज्यादः' या 'जियादः' लिखते थे! यानी उर्दू के 'ह' ('हे') की जगह भी विसर्ग! हिन्दी में यह धाँधली आगे बढ़ती ही जाती, यदि कसकर न रोकी जाती। सो 'प्रमाणवत्त्वादायातः प्रवाहः केन वार्यते?' उस प्रवाह को कौन बदल सकता है, जो स्वतः सिद्ध हो, प्रामाणिक हो। परम्परा या धारा ही भाषा के लिए परम प्रमाण है। 'राम को रोटी खानी है' जैसे प्रयोगों में 'को' विभक्ति कर्ता-कारक में लगती है; 'राम ने रोटी खाई' में 'ने' काम देती है और 'राम से रोटी नहीं खाई जाती' में 'से' विभक्ति कर्ता-कारक में है और ये तीनों ही वाक्य 'कर्म-वाच्य' क्रिया से हैं। तीनों ही कर्म-वाच्य हैं, तब भिन्न विभक्तियाँ क्यों, सर्वत्र एक होनी चाहिए; इस तरह की बात सोचकर यदि कोई सर्वत्र एक ही विभक्ति (को, ने या से) चलाना चाहे, तो लोग उसे मूर्ख कहेंगे। कहेंगे भाषा का प्रवाह ही वैसा है। उसे कोई बदल नहीं सकता। सोचने से प्रवाह तर्कसंगत भी जान पड़ेगा। तीनों तरह के वाक्यों में अर्थगत विशेषता है और वह विशेषता विभिन्न विभक्तियों से प्रकट होती है, क्रिया के रूप-भेद से भी। 'खाई', 'खानी है', 'खाई नहीं जाती' इन क्रिया-रूपों के अन्तर को वे विभक्तियाँ स्पष्ट करती हैं।

इसी तरह—

रस चीनी बन गया

चीनी फिर रस बन गई

कपड़ा राख हो गया

राख (वैद्य के यहाँ) सोना बन गई

सोना (वैद्य के यहाँ) राख बन गया

इन सभी प्रयोगों में उद्देश्य के अनुसार क्रिया के पुल्लिग-स्त्रीलिंग रूप हैं। परन्तु जैसे 'रस चीनी बन गया' और जैसे 'चीनी रस बन गई'; उस तरह 'माध्यम' कभी भी 'हिन्दी' नहीं बन सकता। हिन्दी के रूप में 'माध्यम' बदल नहीं सकता।

इसलिए स्थिति भिन्न है।

दूसरी बात यह कि उद्देश्य हिन्दी है। उसी के अनुसार क्रिया 'होगी' ही होगी—'हिन्दी शिक्षा का माध्यम होगी'। यदि प्रयोग व्यतिक्रम से हो—

'शिक्षा का माध्यम हिन्दी होगी'

तो भी ठीक। 'माध्यम' का पूर्व प्रयोग कर देने से वह उद्देश्य न बन जाएगा, विधेय ही रहेगा। 'माध्यम बनाना है'—हिन्दी नहीं बनानी है। हिन्दी तो बनी-बनाई है।

सो, ऐसी जगह लोग 'हिन्दी शिक्षा का माध्यम होगा' गलत लिख देते हैं। इस गलती के प्रवर्तक बाबू रामचन्द्र वर्मा हैं! आपने अपनी 'अच्छी हिन्दी' में लिखा है कि इस तरह के प्रयोग गलत हैं—

'नेताओं को रिहा करना मूर्खता होगी'

'अभी से कुछ कहना जल्दबाजी होगी' इत्यादि।

वर्मा जी ने लिखा है कि ऐसी जगह 'करना' और 'कहना' आदि उद्देश्यों के अनुसार पुल्लिंग क्रियाएँ चाहिए—'रिहा करना मूर्खता होगा' और 'कहना जल्दबाजी होगा' आदि। उन्होंने लिखा है कि इस तरह लिखने-बोलने में कुछ खटक जरूर होगी; पर शुद्ध लिखने के लिए उसे सहन करना चाहिए। वर्माजी के इस प्रतिपादन से वैसे प्रयोग चले, जिनका निराकरण मुझे करना पड़ रहा है। उनकी 'अच्छी हिन्दी' देशभर की परीक्षाओं में लगी है; इसलिए प्रचार हो गया। उसके निराकरण में मैंने 'अच्छी हिन्दी का नमूना' पुस्तक लिखी, तब प्रवाह रुका। वर्मा जी ने आगे अपनी पुस्तक में बहुत कुछ संशोधन किए; फिर भी भ्रम तो फैला ही!

उद्देश्य के अनुसार क्रिया होती है; सही है। एक नियम है। उस नियम का अपवाद है ऐसा स्थल, जहाँ भाव-वाचक संज्ञाएँ उद्देश्य रूप में प्रयुक्त हों। उद्देश्य और विधेय 'कारण-कार्य' या 'हेतु-हेतुमान्' या 'आरोप्य-आरोप्यमाण' आदि रूपों से भी रहते हैं—

'ककड़ी हैजा बन जाएगी'

कारण-कार्य भाव है। ककड़ी हैजे का कारण है; इसलिए उस (ककड़ी) में उस बीमारी (हैजे) का आरोप है।

'लकड़ी राख बन जाती है'

यहाँ परिणामी-परिणाम भाव है। लकड़ी राख के रूप में परिणत हो जाती है।

'वैद्य की राख सोना बन जाती है'

यहाँ लाक्षणिक प्रयोग है। राख सुवर्ण-धातु नहीं बन जाती है। सम्पत्ति के अर्थ में 'सोना' यहाँ है।

'नेताओं को रिहा करना मूर्खता होगी'

यहाँ हेतु-हेतुमान् रूप में उद्देश्य-विधेय हैं। नेताओं को रिहा करने से मूर्खता प्रकट होगी। या, मूर्खता के कारण नेता रिहा हो सकते हैं।

वेदों का अध्ययन-अध्यापन ही ऋषियों की **सम्पत्ति थी** और–

वे चारों पुत्र ही उसकी **सम्पत्ति थे**

ऊपर विधेय ('सम्पत्ति') के अनुसार क्रिया है–'थी' और नीचे उद्देश्य ('चारों पुत्र') के अनुसार है–'थे'। क्या कारण? ऊपर के वाक्य में भाववाचक संज्ञा 'अध्ययन' उद्देश्य है और नीचे सत्त्ववाचक 'लड़के'। हिन्दी में 'करना' 'कहना' आदि भाववाचक संज्ञाएँ हैं। जब ऐसी संज्ञाएँ उद्देश्य-रूप से आती हैं, तब क्रिया के लिंग-वचन विधेय के ही अनुसार रहते हैं–

अध्ययन-अध्यापन ऋषियों की सम्पत्ति थी

नेताओं को रिहा करना मूर्खता होगी,

भाषा का प्रवाह तथा तत्त्व न समझने के कारण वैसी गलतियाँ होती हैं।

अब आपका मन कदाचित् और आगे बढ़े और आप पूछें कि उद्देश्य-विधेय प्रकरण में यह भाववाचक संज्ञाओं को विशेषता क्यों? यहाँ क्रिया विधेय के अनुसार क्यों होती है? इसके उत्तर में साधारणतः यही कहा जा सकता है कि भाषा की ऐसी प्रवृत्ति है। ऐसा ही होता है। परन्तु हम आपको कुछ आगे ले जा सकते हैं; यदि उकता न गए हों। बातें तो बहुत संक्षेप में बताई जा रही हैं।

तो, सुनिए यह भी संक्षेप में। कृदन्त क्रियाओं में (हिन्दी में) स्त्रीलिंग-पुल्लिग रूप-भेद होते हैं; संस्कृत में नपुंसक लिंग भी। इस प्रसंग में यह भी समझ लीजिए कि यह स्त्रीलिंग-पुल्लिग हैं क्या चीज!

प्रारम्भ में, जब भाषा-उद्‌भेद हुआ होगा, तो निश्चय ही पहले अपने बच्चों के नाम रखे गए होंगे। अ-आ, इ-ई, उ-ऊ का क्रम है। लड़के का नाम रखा गया–'रामः'। आगे 'आ'–लड़की का नाम 'रमा'। इसी तरह लड़का 'हरिः' और लड़की 'सरस्वती'। 'उ'-'ऊ' में भी पुंस्त्री-भेद इसी तरह। अब भाषा आगे बढ़ी–बोला जाने लगा–पर्वतः-धारा, वृक्षः-लता, पविः-नदी आदि।

जब व्याकरण बना और शब्दों का श्रेणी-विभाजन हुआ, तो 'रामः' जैसे शब्द ('पर्वतः' 'वृक्षः' आदि) 'पुल्लिग' कहलाए। इन (पर्वतः-वृक्षः आदि) में अन्त्य चिह्न ('लिंग') 'अः' 'रामः' जैसा ही है; इसलिए ऐसे शब्द पुल्लिग और 'लता' 'धारा' आदि की बनावट 'रमा' की तरह है; इसलिए ये स्त्रीलिंग। इसी तरह आगे समझिए। परन्तु अब तक 'वनम्' 'जलम्' जैसे शब्द भी चल पड़े थे, जो न 'रामः' जैसे और न 'रमा' जैसे ही। न पुल्लिग, न स्त्रीलिंग! ऐसे शब्दों की एक अलग श्रेणी बना दी गई–नपुंसक लिंग। न स्त्री, न पुमान्–'नपुंसक'। 'कलत्रम्' शब्द नपुंसक लिंग है–'जलम्' जैसा इसका गठन है; पर है यह 'भार्या' का वाचक। शब्द और अर्थ भिन्न चीजें हैं। शब्द 'नपुंसक लिंग' है–'कलत्रम्' और उसका अर्थ साक्षात् 'स्त्री' है।

यों संज्ञा-शब्दों में 'पुल्लिग' आदि शब्दों का व्यवहार चला। हिन्दी ने न 'रामः' रखा, न 'जलम्' रखा—'राम' और 'जल' जैसे रूप लिए। 'राम' पुल्लिग उसी तरह 'जल' पुल्लिग। नपुंसकत्व ('म्') उड़ा दिया गया। सो, यहाँ केवल पुल्लिग-स्त्रीलिंग शब्द हैं और इनकी बड़ी सुन्दर व्यवस्था है, जो व्याकरण का विषय है। वही समझिए।

तो, सत्त्व-वाचक शब्दों में पुल्लिग-स्त्रीलिंग भेद हुए। 'क्रिया' में स्वतः न पुंस्त्व है, न स्त्रीत्व ही! कभी कर्ता के अनुसार उसमें पुंस्त्व है, हो जाता है—'राम रोटी खाता है' और कभी कर्म के अनुसार स्त्रीत्व—'राम ने रोटी खाई'। परन्तु कभी क्रिया न कर्ता के अनुसार, न कर्म के अनुसार! तब बोलें कैसे? सामान्य प्रयोग पुल्लिग-एकवचन—'हम ने तुमको बुलाया'। धातुज भाववाचक संज्ञाओं में क्रियांश होता तो है : पर सामान्य रूप में। न कोई कर्ता मालूम होता है, न कर्म। न कोई काल मालूम देता है, न आज्ञा आदि ही! 'करना' 'उठना' आदि ऐसे ही शब्द हैं—भाववाचक संज्ञाएँ। 'भाव' का अर्थ यहाँ है—'शुद्ध धात्वर्थ'—'शुद्धो धात्वर्थो भावः'। 'शुद्ध' का अर्थ है उपाधि-रहित। जहाँ न कोई कर्ता, न कर्म, न काल आदि, वह धात्वर्थ (मात्र) 'भाव'। पुल्लिगता भी यहाँ वास्तविक नहीं है। सामान्य प्रयोग है। वस्तुतः 'करना' आदि में पुंस्त्व नहीं है। क्रिया-मात्र में स्त्रीत्व-पुंस्त्व नहीं है; फिर यह तो 'भाव'-शब्द है। क्रिया में पुंस्त्व-स्त्रीत्व स्वतः नहीं, परतः आरोपित होते हैं।

करना, कहना, अध्ययन आदि भाव-वाचक संज्ञाओं में लिंग-संख्या आदि की तात्त्विक स्थिति है ही नहीं, पुंस्त्व और एकवचन केवल कहने भर को हैं। तब फिर क्रिया के लिंग-वचन इसके अनुसार कैसे रहें? 'क्रिया' ही 'कहना' आदि के रूप में है, तब इस ('क्रिया') के अनुसार 'होगा' रूप कैसे हो! क्रिया के अधीन क्रिया ठीक नहीं। 'मूर्खता' भी भाववाचक संज्ञा है; पर तद्धित; कृदन्त नहीं। 'मूर्खता' 'शुद्ध धात्वर्थ' क्या, किसी भी तरह धात्वर्थ नहीं है। इसलिए इसी के अनुसार क्रिया—'नेताओं को रिहा करना मूर्खता होगी'। जो भी हो, 'नेताओं को रिहा करना मूर्खता होगा' कहना मूर्खता ही है। भाषा-प्रवाह के विरुद्ध है। सीधी बात को बिगाड़ने का उद्योग करना भी आजकल एक सेवा है!

'भेद्य' और 'भेदक'

'विशेषण' और 'विशेष्य' ही क्षेत्र-विशेष में 'भेदक' तथा 'भेद्य' कहे जाते हैं। 'विशेष्य' से उसका विशेषण पृथक् नहीं—किसी की विशेषता अलग कैसे होगी? विशेष्य पुल्लिग, तो विशेषण भी पुल्लिग और वह स्त्री-लिंग, तो उसका विशेषण भी वैसा ही। 'वचन' आदि भी इसी तरह। 'लाल धोती' में लाल रंग धोती के अनुसार ही तो है न? लम्बाई-चौड़ाई में उसी के अधीन। स्वयं (रंग) न लम्बा है, न चौड़ा है! विशेषण समानाधिकरण से भी दिए जाते हैं और अन्यथा भी। 'त्वदीया कन्या' 'त्वदीयानि फलानि' यहाँ 'त्वदीयानि' विशेषण है, फलों का। फलों में स्वामित्व की

विशेषता 'त्वदीय' से प्रकट होती है। 'तव फलानि' सम्बन्ध-विभक्ति से कह दें, तो भी 'तव' से वही विशेषता प्रकट होती है; यानी फलों के स्वामित्व का नियमन होता है। परन्तु ऐसे (विभक्ति-युक्त) विशेषणों का नाम दूसरा रख दिया गया है—'भेदक'। 'वन्यानि फलानि'—वन के फल। यहाँ 'वन्य' 'शब्द' तद्धितीय विशेषण है। इसे विभक्ति से कहें—'वनस्य फलानि'—वन के फल; तो 'वनस्य' पद 'भेदक' कहलाएगा। यों, 'राम का कपड़ा' 'राम की धोती' और 'तेरा कपड़ा' 'तेरे कपड़े' 'तेरी धोती' आदि में 'राम का' 'राम की' तथा 'तेरा' 'तेरे' 'तेरी' शब्द विशेषण हैं, कपड़े के।

सम्बन्ध-विभक्ति वहीं भेद्य-भेदक भाव प्रकट करती है, जहाँ 'भेद्य' के बारे में कुछ विशेष कहना हो—

'रामस्य पुत्रः पठति' राम का लड़का पढ़ता है

यहाँ 'रामस्य' भेदक है, 'पुत्रः' भेद्य है। 'पुत्रः पठति' कहने से काम न चलेगा। 'भेद्यं विशेष्यमित्याहुर्भेदकं तु विशेषणम्' और 'षष्ठ्युत्पत्तिस्तु भेदकात्'—'भेद्य' विशेषण को कहते हैं और विशेषण 'भेदक' कहलाता है (यदि विभक्ति से कहा जाए), तो षष्ठी विभक्ति (संस्कृत में) 'भेदक' के आगे लगती है—'रामस्य पुत्रः पठति'।

यदि अस्तित्व मात्र या उत्पत्ति विवक्षित हो, तब भेद्य-भेदक भाव प्रस्फुटित नहीं होता—

रामस्य चतस्रः गावः सन्ति
राम के चार गौएँ हैं

× × ×

रामस्य कन्या जाता
राम के कन्या हुई

× × ×

सीता के एक पुत्र है
सीतायाः एकः पुत्रः अस्ति

यहाँ सम्बन्ध मात्र विवक्षित है, भेद्य-भेदक भाव नहीं। परन्तु

रामस्य गावः चरन्ति
राम की गौएँ चरती हैं

यहाँ भेद्य-भेदक भाव है। सम्बन्ध मात्र प्रकट करना हो, तो संस्कृत और हिन्दी में सम्बन्ध-विभक्ति का प्रयोग होता है और अन्यत्र (भेद्य-भेदक भाव प्रकट करने के लिए) संस्कृत में यथेच्छ प्रयोग होते हैं—पर हिन्दी में एक व्यवस्था है। यहाँ विभक्ति (के, रे, ने) नहीं, तद्धित सम्बन्ध-प्रत्यय (क, र, न) ही आते हैं—

राम का लड़का पढ़ता है—राम की लड़की पढ़ती है

तेरा लड़का पढ़ता है—तेरी लड़की पढ़ती है

यानी 'राम का' 'तेरा' आदि विशेषण-रूप से हैं और विशेष्य के अनुसार इनकी स्थिति रहती है। परन्तु प्रयोग में लोग भूल कर जाते हैं। 12 मई 1957 के 'दैनिक हिन्दुस्तान' के एक लेख की पंक्तियाँ हैं—

"कालिदास की रचना उनके समय में भले ही प्रशंसनीय न रही हो; पर आज वह हमारे लिए प्रेरणा की स्रोत है।"

'प्रेरणा का स्रोत' या 'प्रेरणा की स्रोत'? 'स्रोत' शब्द पुल्लिंग है, स्त्रीलिंग नहीं। 'प्रेरणा का स्रोत' चाहिए। परन्तु ध्यान में 'रचना' स्त्रीलिंग है; इसलिए 'का' की जगह 'की' का प्रयोग, भूल से। 'रचना' में 'स्रोत' का आरोप है; इसलिए प्रधान भी है। 'विद्या मूल्यवान् रत्न है' और 'विद्या एक बहुत बड़ा रत्न है'। 'रत्न' के अनुसार 'मूल्यवान्' और 'बड़ा' विशेषण हैं। 'विद्या' के आगे 'बहुत बड़ा' न अच्छा लगे, तो 'बहुत बड़ी निधि है' जैसा कुछ कहो; पर 'विद्या एक बहुत बड़ी रत्न है' कभी भी सही नहीं। इसी तरह 'प्रेरणा की स्रोत' गलत है। 'स्रोत' का विशेषण पुल्लिग चाहिए—'प्रेरणा का'। 'रचना' के आगे 'प्रेरणा का' यह पुल्लिग शब्द अच्छा न लगे, तो आरोप किसी स्त्रीलिंग शब्द से कीजिए—'....रचना प्रेरणा की अजस्र धारा है' जैसा कुछ। इसीलिए कहा गया है कि उपमान और उपमेय में लिंग-वचन आदि की समता रहना अधिक अच्छा। 'वह लड़की स्त्री-समाज की रत्न है' ठीक नहीं। 'का' अच्छा न लगेगा। तब लिखना चाहिए—'वह लड़की स्त्री-समाज में रत्न है'। यही बढ़िया प्रयोग है। 'विद्या ही हमारा धन है' यहाँ 'हमारा' खटकता नहीं है; क्योंकि तादात्म्य है विद्या और धन का। सचमुच विद्या धन है। 'विद्या हमारी सुखद धन है' जैसा प्रयोग गलत; वैसा ही 'रचना हमारी प्रेरणा की स्रोत है' गलत। 'रचना हमारे लिए प्रेरणा-स्रोत है' कर दें, तो खटक भी मिट जाएगी और भाषा भी गलत न होगी।

× × ×

दैनिक पत्रों में अनुवाद भी बहुत गलत कभी-कभी देखने में आता है। सभी भाषाओं का अपना-अपना स्वतन्त्र गठन होता है। वाक्य-गठन अलग-अलग ढंग से होता है। संस्कृत में 'संयोजक' अन्तिम शब्द के अन्त में जाता है और हिन्दी में पहले रहता है—

रामः, गोविन्दः, माधवश्च
राम, गोविन्द और माधव

× × ×

रामः गोविन्दश्च
राम और गोविन्द

× × ×

इसी तरह विभक्ति आदि की स्थिति समझिए। 17 अगस्त 1957 के 'नवभारत टाइम्स' में एक समाचार छपा है–

"आनन्द भिक्षु, जिन्हें 11 अगस्त को चंडीगढ़ में, आर्यसमाज-मन्दिर से गिरफ्तार किया गया था, की दशा अत्यन्त चिन्ताजनक है।"

ये ऐसे वाक्य एकदम भ्रष्ट हैं! 'भिक्षु' कहाँ है और 'की' कहाँ है! पढ़ने वाला 'की' पढ़कर पीछे ढूँढ़ता फिरेगा कि यह किसकी चीज है! यह अंग्रेजी-वाक्यों के अनुवाद में 'मक्षिका स्थाने मक्षिका' बहुत भद्दी चीज है। "आनन्द भिक्षु की दशा अत्यन्त चिन्ताजनक है। आपको चंडीगढ़–(आर्यसमाज-मन्दिर) से 11 अगस्त को गिरफ्तार किया गया था।" यों वाक्य भेद से प्रयोग करना चाहिए। एक ही वाक्य रखना है बड़ा, तो फिर उत्तरांश 'जिन्हें' या 'जिन्हें कि' से प्रारम्भ कीजिए। "आनन्द भिक्षु की दशा चिन्ताजनक है, जिन्हें...।" परन्तु ऐसी भोंडी गलतियाँ अब कम होती हैं; पर कम भी क्यों हों?

क्रियाओं के प्रयोग

कभी-कभी क्रिया-प्रयोग में भी 'काल' आदि का भी ध्यान नहीं रखा जाता! 'श्री विनोद शर्मा अभिनन्दन ग्रन्थ' में एक वाक्य है–

"ऐसे पत्र जिन लोगों को भेजे गए थे, उनमें पं. किशोरीदास वाजपेयी भी थे।"

ऐसा लगता है कि जब वैसे पत्र भेजे गए थे, तब वाजपेयी जी विद्यमान थे; परन्तु ऊपर की पंक्तियाँ लिखते समय वे नहीं रहे! ठीक है? हाँ, यहाँ 'थे' जरूर ठीक है–'उस सभा में वाजपेयी जी भी उपस्थित थे'। परन्तु 'वाजपेयी जी ने हिन्दी का प्रथम व्याकरण बनाया था' गलत है। वाजपेयी के न रहने पर ऐसा वाक्य ठीक होगा। परन्तु यहाँ पूर्ण-भूतकाल ठीक है–"जब वाजपेयी जी ने व्याकरण बनाने का इरादा किया था, उसके चालीस वर्ष बाद, अब जाकर वह बन पाया है!"

'दैनिक हिन्दुस्तान' के 3 मई 1957 के अंक में समाचार छपा है–

"ईदोत्सव का आरम्भ दिल्ली की विभिन्न 100 मस्जिदों में नमाज से हुआ, जिनमें ऐतिहासिक जामा-मस्जिद तथा हजरत निजामुद्दीन के दरगाह प्रमुख थे।"

'थे' की जगह 'हैं' चाहिए। नमाज हो गई; पर ये स्थान अब भी हैं–'थे' नहीं। 'ईदोत्सव' भी गलत है।

कहीं भूतकाल ठीक होने पर स्त्रीलिंग की जगह पुल्लिग क्रिया में लोग कर देते हैं। 'साप्ताहिक हिन्दुस्तान' के 26 मई 1957 वाले अंक में एक जगह पंक्तियाँ हैं–

"पुश्किन की अमर कृतियाँ समस्त मानव जाति की प्रगति में आगे की तरफ एक कदम था।"

'था' की जगह 'थीं' चाहिए। उद्देश्य 'कृतियाँ है। कृतियाँ थीं, एक कदम, आगे की तरफ।

हमने ऊपर जिन पत्रों के नाम लिए हैं और जिनके उद्धरण दिए हैं, वे भाषा के सम्बन्ध में काफी सतर्क रहते हैं। इसीलिए तो उनके नाम उदाहरणार्थ लिए हैं। जब वहाँ ऐसी गलतियाँ हो जाती हैं, तब दूसरों का कहना ही क्या! आचार्य कुन्तक ने महाकवि कालिदास की कविताओं पर सूक्ष्म विवेचन करके कुछ औचित्य-मीमांसा बारीकी से की है और फिर लिखा है—"एतच्चैतस्यैव कवेः सहजसौकुमार्यमुद्रितसूक्तिपरिस्पन्दस्य पर्य्यालोच्यते, न पुनरन्येषामाहार्यमात्रकाव्यकरण-कौशलश्लाघिनाम्"—यह सूक्ष्म विवेचन केवल कालिदास जैसे रस-वर्षी कवि की ही रचना पर उचित है। जो जोड़-गाँठ करके कवि बनने पर फूले नहीं समाते, उनकी वह जोड़-गाँठ ऐसे विवेचन की हकदार नहीं। सफेद-साफ कपड़े पर ही पड़ा दाग अधिक बुरा लगता है। एकदम गन्दे-मैले कपड़े पर पड़े दाग-धब्बे कौन देखता है!

× × ×

"जब श्री मैथिलीशरण गुप्त काशी जाते हैं, तब राय कृष्णदास के ही यहाँ ठहरते हैं।"

यह वाक्य एक लेख का है, जिसके लेखक काशी के ही एक बड़े विद्वान् हैं; इसलिए चाहिए—"काशी आते हैं...।"

एक अन्य लेख में यों वाक्य-विन्यास है—

"जब मुहम्मद साहब फिर मक्का आए, ...।"

ऐसा जान पड़ता है कि इस लेख के लेखक ने खास मक्का में बैठ कर यह लेख लिखा है! 'आए' की जगह 'गए' चाहिए।

अपनी यात्रा का जिक्र करते हुए—"मैं कलकत्ते गया, तब रात के बारह बजे थे।" 'गया' की जगह 'पहुँचा' अच्छा रहेगा।

× × ×

"मैं सोता हूँगा, जब आप आए।" 'होऊँगा' चाहिए।

× × ×

"ब्रज और अवधी हिन्दी की अनिवार्य अंग हैं।"

'अंग' पुल्लिग है। 'हिन्दी के अंग' चाहिए; 'हिन्दी की अंग' नहीं। 'अनिवार्य' की जगह 'अविच्छेद्य' जैसा कोई विशेषण चाहिए।

हाँ, "ब्रज और अवधी हिन्दी की ही पोषक हैं" यहाँ 'की' ठीक; क्योंकि 'पोषक' कृदन्त विशेषण विशेष्य के अनुसार रहेगा। 'पोषक' यहाँ स्त्रीलिंग है; ब्रज तथा अवधी (भाषा या बोली) के अनुसार। 'पोषक भोजन' में 'पोषक पुल्लिग है और 'पोषक खाद्य-सामग्री' में 'पोषक' स्त्रीलिंग। इसी तरह भाषा 'पोषक' समझिए, विधेय विशेषण। हिन्दी की पोषक ब्रजभाषा और अवधी। परन्तु 'अंग' शब्द नियत

पुल्लिग है। इसलिए 'ब्रज और अवधी हिन्दी की अंग' नहीं, 'के अंग' चाहिए। वैसे 'अंग' बताना ठीक भी नहीं, 'सगी बहनें' कहना चाहिए। 'अंग' की जगह 'अंगस्थानीय' कर दें, तो व्याकरण-सम्बन्धी गलती हट जाएगी। 'स्थानीय शासन' में 'स्थानीय' पुल्लिग है और 'स्थानीय बोली' में 'स्थानीय' स्त्रीलिंग। 'हिन्दी की अंगस्थानीय हैं अवधी और ब्रजभाषा' यह प्रयोग व्याकरण-शुद्ध है।

× × ×

हिन्दी के शुद्ध और टकसाली प्रयोग हैं—

'अपनी इच्छानुसार आप काम करें'

'आपकी आज्ञानुसार मैं काम करूँगा'

काशी के बहुत से विद्वान् कहते हैं कि ये प्रयोग गलत हैं! वे कहते हैं कि शुद्ध प्रयोग ये हैं—

'अपने इच्छानुसार आप काम करें'

'आपके आज्ञानुसार काम मैं करूँगा'

कहते हैं, इस तरह बोलने में कुछ खटक तो जरूर है; पर शुद्ध प्रयोग ये ही हैं!

हम कहते हैं कि 'खटक' जहाँ हो, समझ लो कि गलती है, गड़बड़ है। आखर खटक होती क्यों है? प्रवाह-विरुद्धता ही ख़टक का कारण है और वही गलती है। प्रवाह माने जनता का प्रयोग। 'छह रोटियाँ' और 'छः रोटियाँ' इन दोनों 'छह' 'छः' के उच्चारण में समानता है; लिखने में भेद है। 'छः' में कोई प्रमाण नहीं; इसलिए गलत और 'छह' हकारान्त में प्रबल प्रमाण हैं; इसलिए सही—'प्रमाणवत्त्वादायातः प्रवाहः केन वार्यते?' जो प्रवाह-प्राप्त हो और सप्रमाण भी हो, उसे कौन हटा सकता है? 'अपनी इच्छानुसार' प्रयोग प्रमाण-प्राप्त भी है और प्रवाह-प्राप्त भी। 'अपने इच्छानुसार' 'आप के आज्ञानुसार' आदि प्रवाह-विरुद्ध हैं और अप्रामाणिक भी हैं।

तो, आखर काशी के इन विद्वानों को भ्रम कैसे हुआ? 'कारणेन भवितव्यम्'-'हेतुरत्र भविष्यति'।

सुनिए। काशी विद्या का केन्द्र है—संस्कृत का गढ़। वहाँ सब कुछ संस्कृत के अनुसार ही पसन्द किया जाता है; 'ग्रन्थ का विस्तर' छोड़कर। सुना कि तत्पुरुष समास में अन्तिम संज्ञा के अनुसार विशेषण (भेदक) तथा क्रिया के लिंग-वचन आदि रहते हैं। पक्की बात है। संस्कृत में ही नहीं, हिन्दी में भी यही स्थिति है—

'**आप की श्रम-दक्षिणा** दे दी गई'

'**आप का परीक्षा-परिणाम** अच्छा रहा'

ऊपर के वाक्य में 'श्रम' तथा 'दक्षिणा' का तत्पुरुष-समास है। अन्त में 'दक्षिणा' है; इसलिए 'भेदक' ('आप की') तथा क्रिया 'दे दी गई' उसी के अनुसार (स्त्रीलिंग एकवचन) है। दूसरे वाक्य में 'परिणाम' के अनुसार सब कुछ है। अन्तिम संज्ञा बहुवचन हो, तो भेदक तथा क्रिया में बहुवचन हो जाएगा। बहुत साफ है।

परन्तु बहुत बड़े विद्वानों का यह समझ लेना भ्रम है कि 'अनुसार' शब्द पुल्लिग है। कैसे समझा कि 'अनुसार' पुल्लिग है? 'अनुसार खट्टा है, मीठा है' जैसे प्रयोग तो होते नहीं हैं। 'अनुसार (शब्द) कर दिया' जैसे सामान्य प्रयोग हैं; जैसे 'प्रायः (शब्द) निकाल दिया' में 'प्रायः' का पुंप्रयोग। 'प्रायः' अव्यय है; पुल्लिग नहीं; परन्तु बोलने में कुछ तो बोला ही जाएगा! सो, सामान्य प्रयोग के लिए हिन्दी में पुल्लिग रहता है। 'तुमने 'प्रायः' हटा दिया, अच्छा किया।' इसी तरह 'अनुसार कर दिया, ठीक किया'। इस सामान्य प्रयोग के 'अनुसार' पुल्लिग संज्ञा कैसे हो जाएगा? हाँ, 'अनुसरण' अवश्य संज्ञा है, पुल्लिग है—'सीता ने राम का अनुसरण किया'। 'सीता ने राम का अनुसार किया' कोई नहीं बोलता।

सो, हिन्दी में 'अनुसार' अव्यय है और समास में अन्त में रहता है। संस्कृत में 'यथा' का पूर्व-प्रयोग होता है—'यथामति'। हिन्दी में 'मति-अनुसार राम-गुन गाऊँ'। जब 'अनुसार' अव्यय है, तब तत्पुरुष-समास का वह नियम यहाँ करेगा क्या? जिसमें पुल्लिग-स्त्रीलिंग कुछ भी नहीं, वह 'भेदक' को तथा क्रिया को अपने अनुसार क्या खाक चलाएगा? कैसे चलाएगा?

स्पष्ट भेद समझिए। संज्ञा और अव्यय के प्रयोग में अन्तर है। संज्ञा में ('भेदक' रूप से) सम्बन्ध-तद्धित प्रत्यय का प्रयोग होता है—

राम का अनुसरण

तेरा अनुसरण

मेरा विस्मरण

परन्तु अव्यय में सम्बन्ध-प्रत्यय नहीं, सम्बन्ध-विभक्ति का प्रयोग होगा—

तेरे ऊपर, मेरे नीचे, सीता के इधर-उधर, तेरे यहाँ, मेरे यहाँ, सीता के यहाँ, तेरे अनुसार, मेरे अनुसार, सीता के अनुसार।

यदि 'अनुसार' पुल्लिग संज्ञा शब्द होता, तो 'तेरे अनुसार' जैसे प्रयोग कैसे होते? एकवचन 'भेदक' 'तेरा' रहता न?—'तेरा अनुसरण' की तरह 'तेरा अनुसार' होता। तब 'मैं तेरे अनुसार चलूँगा' की जगह 'तेरा अनुसार' होता—पुल्लिग-एकवचन! परन्तु ऐसा है नहीं। सर्वत्र 'के' 'रे' 'ने' विभक्तियाँ रहती हैं—

राम के अनुसार, तुम्हारे अनुसार, अपने अनुसार। इस स्पष्ट भेद के होते हुए भी जो 'अनुसार' को पुल्लिग संज्ञा-शब्द कहे, उससे क्या कहा जाए! जब 'अनुसार' अव्यय है, तो फिर 'भेदक' पुल्लिग प्रयोग गलती है न? और, यदि गलती नहीं मानते, 'अनुसार' को पुल्लिग संज्ञा ही कहना है, तो फिर 'का' 'रा' का प्रयोग कीजिए, पुल्लिग एकवचन—

'आप का आज्ञानुसार ही सब होगा'

'मैं अपना इच्छानुसार सब करूँगा'

यों 'भेदक' को पुल्लिग एकवचन रखना होगा! मंजूर है? संज्ञा में 'भेदक' की स्थिति

उसी के अधीन रहती है। 'अनुसार' एकवचन, तब 'तुम्हारे (या 'हमारे') 'आज्ञानुसार' बहुवचन कैसे? 'तुम्हारा अनुसरण' होता है, 'तुम्हारे अनुसरण' नहीं। हाँ, अव्यय में विभक्तियों का प्रयोग जरूर होता है—

राम के उधर, सीता के इधर

'उधर' अव्यय है, न स्त्रीलिंग और न पुल्लिग। न एकवचन, न बहुवचन! सो, उसके योग में संज्ञा का प्रयोग 'के' 'रे' 'ने' विभक्तियों से होता है। परन्तु संज्ञा के साथ 'भेदक' (तद्धित-प्रत्यय) रहता है।

मतलब यह कि 'आप की आज्ञानुसार' आदि प्रयोग शुद्ध हैं और 'आप के आज्ञानुसार'-'अपने इच्छानुसार' हैं भ्रष्ट! एकदम गलत!

'आवश्यकतानुसार' 'आज्ञानुसार' आदि में हिन्दी का 'अव्ययीभाव' समास समझिए। तत्पुरुष समास संज्ञा का संज्ञा के साथ होता है। संस्कृत में 'अनुसार' चाहे जो हो, हिन्दी में अव्यय है और समास में उसका पर-प्रयोग होता है। हिन्दी की यह 'अपनी' पद्धति है। संस्कृत में 'यथादेशम्' 'यथाज्ञम्' 'यथाशक्ति' जैसे अव्ययीभाव चलते हैं। 'यथाशक्ति' जैसे तत्सम हिन्दी ने भी ले लिए हैं; क्योंकि 'शक्ति-अनुसार' से 'यथाशक्ति' सरल पड़ता है, छोटा शब्द है। परन्तु 'यथादेश' जैसे शब्द गृहीत नहीं और 'यथाज्ञ' तो बिलकुल ही नहीं।

संस्कृत में 'अनुसार' भी चलता है—'आज्ञानुसारेण सर्वंकृतम्'—'आज्ञानुसार सब कर दिया'। संस्कृत में 'आज्ञानुसारेण' में तीसरी विभक्ति है; पर हिन्दी कोई विभक्ति नहीं लगाती। सो, संस्कृत में 'अनुसार' चाहे जो हो, हिन्दी में निश्चय ही अव्यय है। अन्यत्र भी हिन्दी ने स्वतन्त्र पद्धति अपनाई है। 'आगच्छति' का पूर्वांश 'आ' उपसर्ग है। हिन्दी ने संस्कृत के इस उपसर्ग को लेकर 'धातु' बना लिया—'आता है-आए' आदि क्रियाओं में 'आ' स्पष्ट धातु है। 'प्रति' उपसर्ग लेकर हिन्दी ने अपनी संज्ञा बना ली—'चार प्रतियाँ' 'अच्छी हिन्दी' की और छह प्रतियाँ 'साहित्य-निर्माण' की। यहाँ 'प्रति' संज्ञा है—'कापी'।

यदि 'आ' धातु तथा 'प्रति' संज्ञा को संस्कृत के उन उपसर्गों का अर्थान्तर में प्रयोग न मानें, अलग ही स्वतन्त्र शब्द मानें, तब 'अनुसार' भी उसी तरह समझा जाएगा। यानी संस्कृत के 'अनुसार' से हिन्दी का 'अनुसार' भिन्न! परन्तु इन बातों में कोई तत्त्व नहीं, कोई तर्क नहीं। हम अपने किसी पूर्वज से या वर्तमान स्नेही-सगे से कोई चीज लेकर अपनी आवश्यकता के अनुसार उसका प्रयोग कर सकते हैं; उसमें कुछ परिवर्तन भी कर सकते हैं।

'हाल हीमें' और 'नेहरू तकमें'

कुछ पत्र-पत्रिकाओं में भाषा-सम्बन्धी 'अपनी' नीति बरती जाती है! काशी का 'आज' तथा कलकत्ते का 'नया समाज' आदि ऐसे ही सुप्रतिष्ठित पत्र हैं। कुछ

संस्थाएँ और प्रकाशन-प्रतिष्ठान भी भाषा-सम्बन्धी 'अपनी' नीति बरतते हैं! यों 'अपनी'-'अपनी' नीति बन गई है! 'अपनी-अपनी डफली' और उस पर 'अपना-अपना राग' चल रहा है! यह क्या है? भाषा में एकरूपता इस तरह आएगी? राष्ट्रभाषा के लिए यह ठीक है? 'भई, हम तो ऐसा लिखते हैं' 'हमारी नीति तो ऐसा लिखने की है' इस तरह की बातें कर के मनमानी करना क्या राष्ट्रीय अपराध नहीं है? हाँ, यदि वह नीति तर्क-सम्मत हो, तब ठीक। तब उसे 'नीति' कहना भी ठीक। परन्तु तर्क के साथ व्याकरण, भाषा-विज्ञान और परम्परा आदि सभी तत्त्व यदि किसी दूसरे पक्ष के समर्थक हों, तो फिर 'तर्क-सम्मत' नीति पर भी पुनः विचार करना होगा। कोई 'पंचम वर्ण' मात्र देने की नीति बरतता है और 'नंगा' को भी 'नङ्गा' लिखता है, तो कोई सर्वत्र अनुस्वार ही चलाने की नीति पर है और 'दन्त' को 'दंत' ही नहीं, 'वेदान्त' को भी 'वेदांत' लिखता है; 'वेदान्ती' को 'वेदांती'। 'वेदांती' 'बेदाँती' ही समझिए! दीर्घ स्वर पर हिन्दी में अनुस्वार का उच्चारण अनुनासिक जैसा ही होता है और इसीलिए अनुनासिक उच्चारण में भी अनुस्वार दे देते हैं—'ईंट' 'छींट' आदि! इसलिए 'वेदांत'-प्रकाशनों में यही सब है। सर्वत्र अनुस्वार! हिन्दी में 'न' और 'म' अनुनासिक वर्ण गृहीत हैं; तब 'दन्त' 'पम्प' क्यों न लिखे जाएँ? कम-से-कम संस्कृत शब्दों का ध्यान तो रखना ही है। परन्तु 'एक नीति' में यह सब बह जाता है! तो भी, 'पराङ्मुख' जैसे शब्द उस नीति से बाहर! 'सभा' के प्रकाशनों में 'पराङ्मुख' को 'परांमुख' नहीं किया जाता है। तब वह 'नीति' कहाँ रही? इस सम्बन्ध में हिन्दी की नीति क्या है, पीछे लिख आए हैं। यहाँ तो प्रासंगिक चर्चा!

चर्चा थी 'हाल हीमें' आदि की। कलकत्ते के 'नया समाज' में तथा अन्यत्र भी कहीं-कहीं ऐसे भ्रष्ट प्रयोग देखने में आते हैं—

'हाल हीमें नेहरू जी विदेश से लौटे हैं'

'हाल हीकी एक घटना है—'

'नेहरू तकमें जिनका विश्वास नहीं...' इत्यादि।

ये 'हीमें' 'हीकी' 'तकमें' आदि क्या हैं? 'हाल' 'नेहरू' आदि तो प्रातिपदिक हिन्दी के हैं, जिन्हें हिन्दीज्ञ विदेशी भी समझ लेंगे। 'में' 'की' आदि विभक्ति-प्रत्यय भी लोग समझते हैं, जो प्रातिपदिकों में लगते हैं। 'हालकी' 'नेहरूमें' यों पद होते, तो भी समझ लिया जाता कि प्रातिपदिक 'हाल' तथा 'नेहरू' में 'की' और 'में' प्रत्यय-विभक्ति हैं और 'सटाऊ' प्रयोग है। प्रातिपदिक से सटाकर और हटाकर, दोनों तरह से लिखने की चाल हिन्दी में अभी तक है। 'नेहरूमें' सटाकर और 'नेहरू में' हटाकर विभक्ति 'में' का प्रयोग है। हमें कोई एतराज नहीं, चाहे जैसे लिखो। मामूली बात है। व्याकरण कुछ न कहेगा। 'राम का घर' और 'रामका घर' दोनों समझ में आ जाते हैं। परन्तु "काका का सिद्धान्त विचारणीय है" की जगह

सटाऊ प्रयोग—'काकाका सिद्धान्त' कैसा लगेगा? और फिर ''हिन्दी-प्रत्यय 'का' का विवेचन बहुत स्पष्ट हो गया है'' इसे ('का' का अंश को) सटाकर कैसे लिखेंगे? 'का'-का विवेचन? पर ऐसा लिखने से भी प्रातिपदिक से 'का' प्रत्यय सटा कहाँ? 'कामा' ने अलग कर रखा है और डंडे ('—') ने जबर्दस्ती अलग कर रखा है! तो वह 'सटाऊ' नियम कहाँ गया?

इसे भी छोड़िए। 'राम, गोविन्द और माधव को चार-चार पैसे दे दो' एक वाक्य है। विभक्ति 'को' को किसी से चिपका नहीं दिया गया, वह खुली है और इसीलिए उसका अन्वय केवल 'माधव' से ही नहीं; 'राम' और 'गोविन्द' से भी निर्बाध है। यदि विभक्ति अन्तिम प्रातिपदिक से चिपका दी जाए, तो फिर वह पीछे 'राम' तथा 'गोविन्द' से अन्वित न होगी। इसलिए 'सटाऊ' पद्धति वालों को लिखना होगा—'रामको, गोविन्दको और माधवको'। 'राम, गोविन्द और माधव पर मेरा विश्वास नहीं' वाक्य में 'पर' का अन्वय पीछे के प्रातिपदिकों से भी है। परन्तु विभक्ति को एक जगह जकड़ देनेवालों को लिखना होगा—

'रामपर, गोविन्दपर और माधवपर मेरा विश्वास नहीं'

कैसा सुन्दर सुश्राव वाक्य है? संस्कृत में विभक्तियाँ सटाकर लिखी जाती हैं और इसीलिए—

'रामे, गोविन्दे, माधवे च मे विश्वासः'

प्रयोग होता है। सर्वत्र विभक्तियाँ। अन्तिम प्रातिपदिक में ही विभक्ति लगाने से काम न चलेगा—

'राम, गोविन्द, माधवे च मे विश्वासः'

प्रयोग न होगा। यानी सप्तमी विभक्ति 'माधव' से बँधी है, इसलिए उसका अन्वय 'राम' तथा 'गोविन्द' से सम्भव नहीं। निर्विभक्ति पद 'राम' तथा 'गोविन्द' अधिकरण कारक नहीं, 'सम्बोधन' समझ लिए जाएँगे। यदि एक ही विभक्ति से सबका अन्वय करना अभीष्ट हो, तो 'च' हटाकर तदर्थ द्वन्द्व समास करके कहना होगा—

'रामगोविन्दमाधवेषु मे विश्वासो नाऽस्ति'

परन्तु यों समास कर देने से जोर घट जाएगा। इसलिए 'रामे, गोविन्दे, माधवे च' वाक्य में अधिक अच्छा रहेगा—सर्वत्र विभक्ति का प्रयोग। हिन्दी में भी आप—''रामपर, गोविन्दपर और माधवपर'' लिख सकते हैं; परन्तु 'राम, गोविन्द और माधवपर' नहीं। दो मार्ग हैं, 'येनेष्टं तेन गम्यताम्'—अपनी पसन्द का रास्ता पकड़िए, पूरी तरह। सटाकर विभक्ति लिखनेवालों को—''एक 'एम. एल. ए.' से बात करना'' ठीक न रहेगा। ''एक एम. एल. ए.'' से 'से' विभक्ति को सटाना होगा। वे फिर ''हिन्दी की 'की' की चर्चा'' न कर सकेंगे—''हिन्दीकी 'कीकी' (या 'की'-की) चर्चा'' करेंगे! सिद्धान्त पूरा चलेगा। 'को को छोड़ दो' न लिखकर 'कोको

छोड़ दो' लिखना होगा।

इन सब झंझटों से बचने के लिए विभक्तियों को प्रातिपदिकों से हटाकर ही लिखना अधिक अच्छा। हिन्दी की प्रवृत्ति भी यही है। 'बाजा बजाने वालों को' आदि में 'वाला' प्रत्यय का प्रयोग भी हटाकर देखा जाता है। मिलाकर भी लिखते हैं—'बजानेवालों को'। परन्तु विभक्ति भी सटा दें, तो 'बजानेवालोंको' लम्बा बन जाएगा! अच्छा लगे, तो लिखिए। परन्तु—

'गाड़ी छूटने ही को थी कि मैं पहुँच गया'

'वह आने ही वाला था कि राम चला गया'

इस तरह के प्रयोग होते हैं, जिनमें प्रकृति ('छूटने') और विभक्ति ('को') के बीच में 'ही' अव्यय घुस आया है और 'आना' प्रातिपदिक के आगे भी 'ही' जम गया है; 'को' विभक्ति को दूर हटाकर! तब वह सटाऊ सिद्धान्त कहाँ रहा? सँभालकर 'छूटनेको ही' तथा 'आनेवाला ही' करें, तब काम चल जाएगा क्या? जोर बना रहेगा? और 'आने ही वाला था' का मतलब 'आनेवाला ही था' से निकल जाएगा? उत्तर 'हाँ' में हो, तब हमें कुछ कहना नहीं है। परन्तु 'न' में उत्तर हो, तब 'सटाऊ'-सिद्धान्त गया!

इतना सब होने पर भी जो विभक्ति-प्रत्यय सटाकर ही लिखने का अभिनिवेश रखते हैं, रखें! परन्तु 'हाल हीमें' 'नेहरू तकमें' तो सर्वथा गलत हैं। विभक्ति प्रकृति (प्रातिपदिक) से मिलती है न? 'हाल ही में' पसन्द नहीं, विभक्ति सटाकर ही लिखनी है, तो फिर 'हालमें ही' लिखिए, 'नेहरूमें तक' लिखिए। 'ही' तथा 'तक' अव्यय हैं। इनमें विभक्ति कभी भी—किसी भी सिद्धान्त से—नहीं सट सकती। सुन लिया कि 'विभक्ति सटाकर लिखना चाहिए' और ले उड़े! यह न सुना कि विभक्ति प्रातिपदिक से अन्वित होती है और (सटाकर लिखना हो, तो) वहीं सटती भी है।

पर बेचारे करें क्या? भाषा की प्रकृति को क्या करें? 'ही' आदि बीच में आकर कहते हैं कि विभक्ति का पृथक् प्रयोग होना चाहिए। यदि 'हाल हीमें' छोड़कर, पूरी सावधानी से 'हालमें ही' जैसा भी लिखने लगें, तो—

'क्या बता दें हम अभी से'

या, 'क्या बता दें हम अभीसे'

जैसे प्रयोगों का क्या होगा? 'अब' के आगे 'से' विभक्ति चाहिए; पर 'ही' बीच में है—अब + ही = 'अभी'। तो, प्रकृति ('अब') से विभक्ति कहाँ सटी? अव्यय 'ही' में सटी है—'अभीसे'। और ब्रजभाषा आदि में भी 'तू न तजै अबहीं ते' प्रयोग हैं—'अबते हीं' नहीं।

कुछ भी हो, 'हाल हीमें' 'हाल हीका' जैसे प्रयोग सर्वथा गलत हैं; व्याकरण-विरुद्ध, सिद्धान्त-विरुद्ध और भ्रामक।

एक बात और। जो लोग विभक्तियाँ हटाकर लिखते हैं, वे भी सर्वनामों में

मिलाकर ही लिखते हैं! 'राम पर मेरा विश्वास' लिखकर 'उसपर मेरा विश्वास' लिखते हैं! 'राम से' लिखकर 'उससे' लिखते हैं! कहते हैं, सर्वनामों में विभक्ति सटाकर ही लिखनी चाहिए। पूछो कि नामों से हटाकर और सर्वनामों से सटाकर, इस द्वैविध्य का औचित्य क्या है? लाभ क्या है? तो, कहते हैं—'सिद्धान्त है'! 'सिद्धान्त' का आधार क्या है? कहते हैं, ऐसा लिखा है! लिखा होगा! उस लिखने का आधार क्या है, सोचना चाहिए। इस पर कुछ कहने से पहले एक बात और याद आई हुई कह दी जाए।

"एक बात इस सम्बन्ध में ध्यान देने योग्य विशेषणों की भी है, जो मेरे पुत्र (चि. मधुसूदन) ने सुझाई है।" इस वाक्य में कोष्ठक के अंश को विभक्ति सटाकर लिखने वाले कैसे लिखेंगे? 'ने' विभक्ति प्रकृति 'पुत्र' या 'चि. मधुसूदन' से सटकर है क्या? वह सुझाई हुई बात है विशेषणों की। जहाँ (संस्कृत-जैसी भाषा में) विभक्तियाँ सटाकर लिखी जाती हैं, वहाँ विशेषण में भी विभक्ति लगाई जाती है; क्योंकि विशेष्य से बँधी-सटी विभक्ति से काम चलता नहीं, उसका अन्वय विशेषण से होता नहीं है। इसीलिए—

'मधुराणां फलानां वाटिका'

प्रयोग होता है और—

'मधुरैः फलैः तृप्तिः'

होता है। 'मधुर फलानाम्' या 'मधुर फलैः' करने से काम न चलेगा। 'फल' से सटी हुई विभक्तियाँ विशेषणों में न लग सकेंगी। हाँ, समास करके 'मधुरफलानाम्' तथा 'मधुरफलैः' हो सकता है। परन्तु यह साझेदारी का काम वैसा जोरदार न रहेगा। समास, कृदन्त तथा तद्धित आदि में पड़कर अनेक जगह शब्दों का जोर कम हो जाता है। हिन्दी ने तो समास, कृदन्त तथा तद्धित का वाजिब ही वाजिब ग्रहण किया है। इसीलिए—

मीठे फलों की वाटिका

मीठे फलों से तृप्ति

प्रयोग होते हैं—समास के बिना। यदि विभक्ति विशेष्य ('फल') से सटा दें—'फलोंकी' 'फलोंसे' तो फिर 'की' तथा 'से' का सम्बन्ध तत्त्वतः विशेषणों से न होगा; वैसे समझ तो लिया ही जाता है! गलत-सलत बोलने वाले की बात का भी मतलब तो लोग समझ ही लेते हैं। हिन्दी की ही तरह अंग्रेजी आदि में भी पृथक् विभक्ति रहती है और इसीलिए—'फ्राम स्वीट फ्रूट्स' चलता है। 'स्वीट' को बहुवचन सूचित नहीं किया जाता, विशेष्य के बहुवचन से ही वह कृतकृत्य हो जाता है।

यदि 'मीठे फलों की वाटिका' आदि को संस्कृत की पद्धति पर चलाएँ, तो—'मधुरफलानां वाटिका' की तरह हिन्दी में—

'मीठेफलोंकी बगीची'
या, 'मीठाफलोंकी बगीची'
क्या रूप 'मीठा' आदि हिन्दी-विशेषणों का होगा; इसका व्याकरण 'सटाऊ' पद्धति वाले ही बनाएँगे। हम तो यह समझते हैं कि हिन्दी ऐसी जगह समास करती ही नहीं और पृथक् स्थित विशेषण में ही विशेष्य के आगे (पृथक्) लगी हुई विभक्ति आ ही जमती है। यदि 'सटाऊ' लोग समास न करें, तो संस्कृत की तरह–

मीठोंकी फलोंकी बगीची–(मधुराणां फलानां वाटिका)

मीठोंसे फलोंसे तृप्ति–(मधुरैः फलैः तृप्तिः)

लिखना चाहिए। 'सिद्धान्त' तो यही कहता है, आगे वे जानें!

जो लोग सर्वत्र विभक्ति हटाकर लिखते हैं; पर सर्वनामों में सटाकर, उनका तत्त्व भी समझ लीजिए।

वैसा द्वैविध्य करने का समर्थक हेतु उनके पास नहीं है। ऐसा जान पड़ता है कि 'इसे-उसे', 'इन्हें-उन्हें', 'मुझे-हमें' आदि रूप देखकर किसी पाश्चात्य विद्वान ने हिन्दी के बारे में कहीं लिखा होगा कि "सर्वनामों में विभक्तियाँ मिलाकर लिखी जाती हैं, अन्यत्र नहीं।" उसका मतलब तो 'इसे-इन्हें' जैसे रूपों से ही था; पर यहाँ लोगों ने 'इस को'-'इन को' जैसे रूपों के बारे में भी समझ लिया और मिलाकर 'इसको'-'इनको' लिखने लगे! किसी ने अपनी स्त्री से कहा कि "मैं तो बाहर जा रहा हूँ, तुम सब ब्राह्मणों को भोजन करा देना।" स्त्री ने 'सब' का अर्थ निरवच्छिन्न समझा और जितने भी ब्राह्मण आते गए, सबको भोजन कराती गई। घर खाली हो गया। पति ने आकर देखा, तो हैरान! 'यह क्या हुआ?' उसने कहा। "हुआ क्या? आप ही सब ब्राह्मणों को भोजन कराने को कह गए थे। हजारों आ गए और सब घर खाली हो गया।" पति बेचारा माथा ठोककर रह गया। उसने कहा–'सब' का मतलब 'सब निमन्त्रित' था, तुमने गलत समझा। पत्नी शास्त्रार्थ को तैयार हो गई! कुछ यही स्थिति पाश्चात्य-विवेचकों की और इन हिन्दीवालों की भी है। यदि विभक्ति हटाकर ही लिखना है, तो 'उस को' लिखिए। 'यह'-'वह' आदि 'इस'-'उस' जैसे रूपों में आ जाते हैं और ब्रज में 'या'-'वा' जैसे रूपों में–इसे-इस को, 'उसे-उस को' और 'याहि'-'याकौ' 'वाहि'-'वाकौ' आदि। ब्रज में 'हि' की तरह 'को' 'कौ' आदि को भी मिलाकर लिखने की चाल है। 'तामैं' 'यामैं' आदि। बहुत सम्भव है, 'यामैं'-'वामैं' आदि रूप देखकर ही किसी विद्वान ने सब विभक्तियाँ सर्वनामों में सटाकर लिखने का निर्देश किया हो। परन्तु ब्रजभाषा में और राष्ट्रभाषा (हिन्दी) में कुछ अन्तर है। ब्रज में तो 'घरमैं वनमैं सब ओर कन्हाई' चलता है; पर हिन्दी में 'घर में, वन में' आप लिखते हैं। तब फिर 'उस में' क्यों नहीं? "और तब उस (पूर्व समागत अतिथि) को नमस्कार करना पड़ा" इसे कैसे लिखेंगे? 'उसे' बहुत सुन्दर पद है; परन्तु कोष्ठक में जो कुछ दिया है, उसे 'उसे'

के साथ नहीं दे सकते। इसीलिए 'उस को'-'इस को' आदि भी गृहीत हैं, जो हिन्दी के 'अपने' रूप हैं। 'इसे' आदि ब्रजभाषा (—कन्नौजी आदि) की 'हिं' विभक्ति के रूप हैं। 'हिं' विभक्ति सदा सटकर रहती है—'रामहिं देखि न देखनो और'। यही 'हि' ह् लोप से और 'वृद्धि'-सन्धि से 'लरिकवै समझाय देव' आदि जन-बोलियों में है। लरिका—लरिकवा—इ (—हिं)—'लरिकवै'। 'लरिकवै चलो जाय' (लड़का ही चला जाए) में 'लरिकवै' 'हि' विभक्ति से नहीं है, निर्विभक्तिक कर्ता है—'लरिकवा-ही चलो जाय' विच्छेद है। यानी 'ही' अव्यय के 'ह्' का लोप और वही 'वृद्धि'-सन्धि। मतलब यह कि 'हि' का तथा उस के 'इ' रूप का प्रकृति से सटकर ही प्रयोग होता है। इसीलिए हिन्दी के 'इसे'-'इन्हें' आदि संश्लिष्ट रूप हैं। 'हिं' को एकवचन में हिन्दी ने निरनुनासिक कर दिया—'इसे'-'उसे'। जब 'करे' एकवचन अनुनासिक करने से बहुवचन हो जाता है, तब अनुनासिक को निरनुनासिक कर देने से एकवचन भी—'इसे'। अनुनासिक बहुवचन 'इन्हें'।

यह इतना प्रासंगिक निवेदन। वैसे कोई विभक्ति सटाकर लिखे, या हटाकर; इस पर मेरी कोई विप्रतिपत्ति नहीं है; परन्तु सुविधा है अलग लिखने में ही। 'विभक्ति' नाम भी सार्थक हो जाएगा, विभक्त लिखने से। 'इसे'-'उसे' तो माँगे की चीजें हैं। उन से विभक्ति कभी हट ही नहीं सकती; समझी भर जा सकती है।

'भाषण देना' और 'भाषण करना'

राम से भाषण करना मैं अच्छा नहीं समझता' यहाँ 'भाषण करना' में 'भाषण' कर्म नहीं है। 'भाषण करना' एक क्रिया है। 'मैं आप से भाषण न करूँगा'—मतलब 'मैं आप से न बोलूँगा'। 'भाषण करना'—बोलना, बात-चीत करना। 'मैं भोजन करता हूँ' में केवल 'करता हूँ' क्रिया नहीं है। 'भोजन' कर्म नहीं है। 'भोजन करना' एक क्रिया है। 'भोजन बनाता हूँ' में 'भोजन' अवश्य कर्म है। यहाँ 'भोजन' संज्ञा है—रोटी, दाल, शाक आदि 'भोजन'। 'बनाना'—तैयार करना। इसी तरह 'राम ने कलकत्ते में जो भाषण दिया था, उस का प्रभाव बहुत अच्छा पड़ा' यहाँ 'भाषण' कर्म-कारक है। राम का उस समय का सम्पूर्ण व्याख्यान ('लेक्चर') 'भाषण'। इसीलिए 'स्वामी विवेकानन्द के पचीस-तीस भाषण वहाँ हुए थे' में संख्या-निर्देश है। कोई-कोई 'भाषण देने' की जगह भी 'भाषण करना' लिखने लगे हैं—'पं. जवाहरलाल नेहरू ने दिल्ली में एक भाषण किया' 'नेहरू जी सभा में भाषण कर रहे हैं' ये गलत प्रयोग हैं। 'भाषण दिया' 'भाषण दे रहे हैं' चाहिए।

हाँ, यहाँ 'भाषण करना' ठीक—'वे सभा में बैठकर व्यक्तिगत रूप से किसी के भी साथ जरा भी भाषण (या संभाषण) नहीं करते।'

'नेहरू जी ने जो भाषण दिया था' ठीक; 'जो भाषण किया था' नहीं ठीक।

‘प्रवचन करना’ ठीक, ‘प्रवचन देना’ नहीं। जो लोग कर्मण्य ऐसे हैं कि जो कहते हैं, वह करते भी हैं, उन के उपदेश ‘प्रवचन’। जो दूसरों को उपदेश देने पर ही ध्यान रखते हैं, वे ‘भाषण देते हैं’। जो कुछ कहते हैं, अपने जीवन में भी उतारें, जरूरी नहीं। यही ‘प्रवचन करने’ में और ‘भाषण देने’ में अन्तर है। ‘भाषण करना’ अलग चीज है—परस्पर बातचीत करना। परन्तु ‘भाषण देना’ अलग है। जब कोई भाषण देता है, तो देता ही चला जाता है। अपनी बात कहता चला जाता है। आपस में बातचीत करना एक बात है—भाषण परस्पर करना और ‘बात अपनी ही कहते चले जाना’ दूसरी बात है—‘भाषण देना’। सो, ‘सभा में नेहरू जी देश की परिस्थिति पर एक भाषण देंगे’ ठीक है; ‘भाषण करेंगे’ नहीं।

उपसंहार

मुख्य-मुख्य बातें कही गईं। अन्य बातों के लिए अन्य पुस्तकें देखनी चाहिए। पहले हिन्दी शुद्ध करो, तब अच्छी हिन्दी लिखो। कपड़ा रँगने से पहले धो कर साफ कर लेना चाहिए। छोटी-छोटी गलतियाँ भी सब कुछ बिगाड़ देती हैं। ‘प्रत्येक दूकानदारों से’ देखा! चाहिए ‘प्रत्येक दूकानदार से’ ‘हर एक दूकानदार से’। ‘रेल चार घण्टों तक रुकी रही’ नहीं, ‘चार घंटे तक रुकी रही’ ठीक है। ‘चार घंटा’ समय की एक इकाई है। ‘चार वर्ष से वह पढ़ रहा है’ ठीक है। परन्तु समय की अधिकता सूचित करनी हो, तो बहुवचन भी—‘वह चार बरसों से पढ़ रहा है; पर पढ़ा क्या, सो पूछिए!’ परन्तु ‘रेल चार घंटों तक’ ठीक नहीं। समय का आधिक्य तो ‘तक’ अव्यय ही बतला रहा है। ‘वह चार बरस तक पढ़ता रहा, पर सब बेकार!’ यहाँ ‘चार बरसों तक’ ठीक न होगा।

‘एकः शब्दः सम्यग् ज्ञातः सुप्रयुक्तः
लोके स्वर्गे च कामधुग् भवित’

शब्द का सम्यक् ज्ञान और सुप्रयोग अभीष्ट-सिद्धि करता है।

परिशिष्ट
अर्थ-सम्बन्धी भ्रम

'हिन्दी शब्द-मीमांसा' शब्द-सम्बन्धी विचार के लिए है। अर्थ-सम्बन्धी विचार पुस्तक के विषय से बाहर की चीज है। किसी शब्द का गलत अर्थ में प्रयोग करना भी गलती ही है, जिसका निर्देश 'साहित्य-निर्माण' में मैंने किया है। परन्तु यहाँ हम प्रयोग करने की गलती पर नहीं, प्रयोग को गलत समझने पर कुछ कहना चाहते हैं। यह एक पृथक् विषय है और इस पर हम स्वतन्त्र रूप से ग्रन्थ लिखने का विचार कर रहे हैं। उसका यह बीज-वपन समझिए। शब्द और अर्थ का सम्बन्ध है; इसलिए पुस्तक के विषय से यह चीज एकदम दूर भी नहीं है।

अर्थ समझने में कभी-कभी सामूहिक रूप से गलती की जाती है; यानी पूरा समाज या देश वैसी गलती कर बैठता है, करता जाता है! एक गड़बड़ बात ठीक करने के लिए; फिर सौ-सौ कल्पनाएँ झूठी करनी पड़ती हैं। कुछ नमूने लीजिए—

1. 'त्रिवेणी' और 'वेणी'

'त्रिवेणी' का अर्थ लोग जाने कब से गलत समझ रहे हैं और कह रहे हैं कि गंगा, यमुना तथा सरस्वती का संगम था; पर सरस्वती लुप्त हो गई! परन्तु सरस्वती नदी तो प्रयाग कभी आई ही नहीं! वाल्मीकि ने और कालिदास ने केवल गंगा और यमुना का संगम बताया है। इसके बाद सरस्वती न जाने कैसे आ कूदी! ऐसे आ कूदी—सुनिए—

'वेणी' का अर्थ लोग 'नदी' समझने लगे! नदी का पर्याय 'वेणी' समझने लगे! तब 'त्रिवेणी' का अर्थ तीन नदियों का मेल किया जाने लगा! तीसरी नदी तो सामने थी नहीं और शब्द 'त्रिवेणी' सामने था; सो, कल्पना की गई कि तीसरी नदी सूख गई! सुन रखा था कि 'सरस्वती' नदी सूख गई है; बस, ले उड़े कि सरस्वती नदी सूख गई; दो गंगा-यमुना सामने हैं! सरस्वती सूख तो अवश्य गई; पर उत्तर

प्रदेश को तो उसने कभी छुआ भी नहीं! इधर आई ही नहीं! प्रयाग में संगम कैसा?

वस्तुतः दो नदियों के मिलने से संगम 'त्रिवेणी' है—तीन प्रवाह सामने दिखाई देते हैं। 'वेणी' का अर्थ 'प्रवाह' है, 'नदी' नहीं। एक प्रवाह गंगा का, एक यमुना का और एक दोनों का सम्मिलित प्रवाह। यों तीन प्रवाह स्पष्ट हैं। प्रयाग कभी नहीं पहुँचे, तो उत्तर प्रदेश सरकार का राज-चिह्न देख लीजिए। गंगा-यमुना के संगम पर 'त्रिवेणी' है। राजचिह्न की कल्पना किसी ने बहुत सुन्दर की है। जब 1936 में लखनऊ की विधान-सभा का भवन बना, तो किसी योग्य इंजीनियर ने उसके मुख द्वार पर यह चिह्न अंकित किया-कराया—'पावन गंगा जमुना' का प्रदेश अपना। 'त्रिवेणी' अच्छा चिह्न है। धनुष अवध की अपनी चीज है। मछलियाँ दो भावपूर्ण हैं। 'रघुवंश' में लिखा है कि अयोध्यानरेशों के राज-ध्वज मत्स्य-चिह्न धारण करते थे। युद्ध-वर्णन में लिखा है कि रणभूमि में धूल उड़ रही थी और ध्वजों में अंकित मत्स्य (धूल में) ऐसे लग रहे थे जैसे समुद्र में तैरते हुए झिलमिल दिखाई दे रहे हों!

जब 1937 में प्रदेश कांग्रेसी-मंत्रिमंडल के शासन में आया, तो ब्रिटिश सरकार से लिखा-पढ़ी कर के विधानसभा भवन के द्वार पर अंकित उस चिन्ह को राज-चिन्ह बना लिया गया।

यहाँ मतलब की बात इतनी ही कि 'वेणी' का अर्थ 'त्रिवेणी' में 'प्रवाह' है; 'नदी' नहीं। यानी गंगा और यमुना का ही संगम है; सरस्वती का कभी नहीं हुआ। 'सरस्वती' इधर आई ही नहीं!

'संगम' शब्द भी बाद में चला। 'प्रयाग' को ही पहले इस अर्थ में लेते थे। 'यज्' धातु से 'याग' है। 'यज्' का अर्थ 'संगतिकरण' यानी 'संगम' भी है। 'याग'—संगम और प्र—याग—उत्कृष्ट संगम। 'प्रयाग' (संगम) पर जब बड़ी बस्ती बस गई और उस (बस्ती) को लोग 'प्रयाग' कहने लगे, तब 'संगम' शब्द की जरूरत पड़ी।

2. 'सुत' आदि की सादृश्य में लक्षणा

सादृश्य देने के लिए 'मित्र' 'प्रतिद्वन्द्वी' 'सहोदर' 'सब्रह्मचारी' आदि शब्दों का लाक्षणिक प्रयोग होता है। कभी-कभी 'बाप' का भी—'यह खरबूजा तो लखनऊ का भी बाप है। 'लखनऊ' की लक्षणा—'लखनऊ का खरबूजा'। सादृश्य में 'बाप' का लाक्षणिक प्रयोग। मतलब यह कि यह खरबूजा लखनऊ के खरबूजों से कम मीठा नहीं। सादृश्य देने के ढंग हैं। इसी तरह 'मसूरी स्वर्ग का ही एक टुकड़ा है'। सादृश्य में 'टुकड़ा' का लाक्षणिक प्रयोग। "हाथियों का कहना ही क्या! ऐरावत के बच्चे हैं, जनाब!" यानी ये हाथी ऐरावत के समान हैं। इसी तरह कभी 'सुत' 'पुत्र' आदि शब्दों का प्रयोग सादृश्य प्रकट करने के लिए होता था, जो बाद में

कम पड़ गया, उड़ गया। 'बाप' का ही प्रयोग उड़ा जा रहा है। बोलचाल में रह गया है, साहित्य में शायद ही कहीं मिले! कहा जाता था 'भीम पवन के पुत्र हैं'—यानी भीम में पवन जैसी शक्ति है। 'अर्जुन इन्द्र के सुत हैं'—यानी अर्जुन में इन्द्र जैसी शासन-क्षमता है। इसी तरह 'धर्म-पुत्र' और 'सूर्य-पुत्र' आदि सादृश्यार्थ में थे। लोग लाक्षणिक अर्थ न निकाल सके, तब वाच्य ही ले चले और समझने लगे कि पवन तथा सूर्य आदि के पुत्र भीम और अर्जुन आदि थे! फिर संगति बैठाने के लिए कथाएँ गढ़कर मिलाई गईं—'भारत' को 'महाभारत' बना दिया गया!

जब कुन्ती के लिए यों व्यभिचार-कल्पना कर ली गई, तो पतोहू द्रौपदी कैसे बचती! उसके सिर भी पाँच मढ़ दिए गए! जरा उस कहानी पर ध्यान दीजिए—

अर्जुन ने विजय-उपहार में द्रौपदी को प्राप्त किया था—'भिक्षा' में नहीं। कोई भी अपने उत्कर्ष के लिए झूठ बोलता है, अपकर्ष के लिए नहीं। फिर, अर्जुन ने बाहर से ही चिल्ला कर क्यों झूठ बोला कि 'मा हम एक चीज भिक्षा में लाए हैं!' द्रौपदी को वे भिक्षा में न लाए थे? यह झूठ क्यों?

दूसरी बात यह कि अर्जुन ऐसे छिछोरे न थे कि अपने बड़े और छोटे भाइयों के सामने अपनी मा से यों कहते! कोई गँवार भी ब्याह करके स्त्री को लाता है, तो द्वार के बाहर से ही यों नहीं चिल्लाता कि 'मा, मैं एक चीज लाया हूँ!' और, अर्जुन को वैसा छिछोरा भी मान लो, तो वैसी बात सुनकर कोई भी मा कहेगी—'देखूँ बेटा, क्या है?' पर कुन्ती ने अस्वाभाविक उत्तर दिया—'बेटा, बाँट खाओ।' खैर, कह भी दिया, तो असावधानी या अज्ञान से कही हुई बात प्रामाणिक नहीं होती, मानने योग्य नहीं होती। तब क्यों मानी? माननी ही थी, तो बाँटकर खा जाना चाहिए था, हंडी पक जानी चाहिए थी! सब गड़बड़।

आज भी कहीं-कहीं बहुपतिक विवाह सुने जाते हैं; पर हमारे पूर्वजों में यह बात न थी। यदि ऐसा होता, तो और उदाहरण मिलते और फिर उपर्य्युक्त कहानी भी न गढ़नी पड़ती!

परन्तु सास को जब वैसा कह दिया और वैसी कहानियाँ लिख दीं, तब द्रौपदी को भी तो कुछ कहना ही था! 'पाञ्चाली' शब्द से भी लोग गड़बड़ाए होंगे।

3. ब्रह्म और सरस्वती

'ब्रह्म' माने ज्ञान और 'ब्रह्मा' माने ज्ञान का उपासक। सरस्वती माने विद्या। ज्ञान, विद्या, सरस्वती आदि एकार्थक शब्द हैं। कहा गया—'ब्रह्मा सरस्वतीपति हैं'—यानी ज्ञान की उपासना करनेवाला ही ज्ञान का मालिक होता है; लक्ष्मी की उपासना करनेवाला कभी भी सरस्वती-पति नहीं हो सकता; लक्ष्मीपति ही रहेगा। 'ब्रह्मा' पुल्लिंग शब्द है, 'सरस्वती' स्त्रीलिंग; इसलिए समझा गया कि ब्रह्मा की भार्या सरस्वती थी! फिर कहीं पढ़ा—'ब्रह्मा सरस्वती का जनक है'—अर्थात् ज्ञान की

उपासना करनेवाला (ब्रह्मा) ही सरस्वती पैदा कर सकता है—विद्या पैदा कर सकता है। यहाँ 'जनक' का अर्थ 'पिता' समझ लिया गया; यानी यह कि सरस्वती ब्रह्मा की लड़की थी! एक जगह ब्रह्मा को 'सरस्वतीपति' (विद्यापति) कहा और अन्यत्र 'सरस्वती-जनक' (विद्या का उत्पादक)। समझने वालों ने एक जगह पति-पत्नी समझा और दूसरी जगह 'पिता-पुत्री'! फिर इसके लिए बड़ी ही बीभत्स-गन्दी कहानियाँ गढ़ी गईं; जिन्हें सुनकर जंगली लोग भी शर्मिन्दा हो जाएँगे!

4. जनक-सुता से राम का विवाह

बौद्ध-जातकों में लिखा है कि राम का विवाह अपनी बहन से हुआ था! हद हो गई न! बात समझे? बौद्ध-मत अपने साथ राम-कथा को भी देश-देशान्तर ले गया। पालि-चीनी कोश बने, पालि-तिब्बती कोश बने। इन कोशों में 'जनक' का अर्थ 'बाप' बताया गया। व्यक्ति-वाचक संज्ञाएँ कोश-ग्रन्थों में बहुत कम आ पाती हैं। फिर चीनी-तिब्बती लोगों ने पढ़ा—'राम का विवाह जनक-सुता से हुआ था', तो समझे 'बहन' न लिखकर प्रयोग-वैशिष्ट्य से 'जनक-सुता' लिख दिया गया है। बस, कहानी में लिख दिया—'राम का विवाह अपनी बहन से हुआ था!' ये कहानियाँ अन्य भाषाओं में अनूदित हुईं और सर्वत्र वही भ्रम इन कहानियों के साथ रहा—'राम का विवाह अपनी बहन के साथ हुआ था!' है न कुए में भाँग?

5. 'अन्धकूप' और सूरदास

सूरदास ने कहीं लिखा कि 'भगवान्, हमें अन्धकूप से निकालिए'। संसार को अन्धकूप कहा। परन्तु लोगों ने (लाक्षणिक अर्थ तक पहुँच न होने के कारण) वाच्य अर्थ ही पकड़ लिया कि सूरदास किसी अँधौए कुएँ में गिर पड़े थे। कल्पना की, भगवान् ने निकाल लिया होगा! पर आगे मजे की बात देखिए—

हाथ छुड़ाए जात हौ, निबल जानि कै मोहिं।
हिरदै ते जब जाहु गे, सबल सराहौं तोहिं।

किसने किसका हाथ पकड़ रखा था? सूरदास का हाथ पकड़कर निकाला था न! तब हाथ छोड़कर भागे थे कृष्ण, या छुड़ाकर? और भागे क्यों? क्या सूरदास उनके बकोट-चकोट लेते?

6. सीता की 'अग्नि-परीक्षा'

साधारण और प्रचलित प्रयोग है—'अग्नि-परीक्षा'। कोई बड़े से बड़े संकट में भी अपना स्वरूप, धर्म, इज्जत बचा ले, तो कहा जाता है—'उस की अग्नि-परीक्षा हो चुकी'—'वह अग्नि-परीक्षा में खरा उतरा'।

इस 'अग्नि-परीक्षा' का भी वाच्य अर्थ समझ लिया गया और कहा जाने लगा कि लंका में अग्नि प्रज्वलित की गई और सीता जी उसमें कूद पड़ीं और फिर ज्यों की त्यों बाहर आ गईं!

और हद देखिए—एक धोबी के कहने से सीता को उस दशा में घोर जंगल में छुड़वा देने की कल्पना! कहते हैं—प्रजारंजन के लिए! यह कैसा प्रजारंजन? एक धोबी ही सम्पूर्ण देश की प्रजा था? और सब कुछ भी नहीं? उसे खुश करने के लिए सम्पूर्ण (कोटि-कोटि) प्रजा का दिल दुखाना प्रजा-रंजन है? एक प्रजा की बकवास से किसी निर्दोष प्रजा का गला काट लेना क्या राजोचित काम है? विशेषतः जब राजा को मालूम हो कि वह प्रजा निर्दोष है, जिसे वह दुष्ट दोषी कह रहा है!

यह कथा एकदम गलत है—प्रक्षिप्त है। इसीलिए तुलसी ने 'मानस' में यह कथा नहीं रखी और न 'शम्बूक-वध' वाली ही रखी! वाल्मीकीय रामायण का उत्तर कांड प्रक्षिप्त साफ जान पड़ता है, जिसमें यह सब लिखा है। अन्य कांडों के नाम कथानक या स्थान के नाम से हैं—बाल-कांड, अयोध्या-कांड आदि। यदि मूल ग्रन्थ का अंग वह होता, तो 'सीता-निर्वासन कांड' या 'प्रजारंजन कांड' जैसा कोई नाम होता। 'उत्तर कांड' का मतलब साफ है—'उत्तर' (बाद) में बनाकर जोड़ा गया कांड।

7. 'अग्नि' और 'पशु'

'अग्नि' और 'पशु' जैसे शब्दों के लाक्षणिक प्रयोग वेदों में हुए हैं। परन्तु इनका भी वाच्य अर्थ लेकर बहुत-बहुत अनर्थ हुए हैं। उस समय देवासुर-संग्राम हो रहा था। यानी हमारे पूर्वजों को असुर तंग किया करते थे। देव थे तो वीर; परन्तु प्रतिहिंसा की भावना उनमें न थी और दया-क्षमा के नाम पर वैसी ही गलतियाँ किया करते थे, जैसी कि बहुत दिन बाद भी सम्राट पृथ्वीराज आदि में देखी गईं। इससे समाज का कितना अहित होता है, कहने की आवश्यकता नहीं। इस बौड़मपन को मिटाने के लिए और अपनी रक्षा के लिए ऋषिजन (उस समय के दूरदर्शी साहित्यिक) जागरण दे रहे थे आग पैदा कर रहे थे, शत्रुओं से भिड़कर उन्हें नष्ट करने के लिए; जिससे कि अपनी रक्षा हो, भय से मुक्ति मिले। वेदों में सबसे पहला ऋग्वेद, ऋग्वेद का प्रथम सूक्त 'अग्नि-सूक्त' और इस अग्नि-सूक्त के प्रथम मन्त्र का प्रथम अक्षर है 'अग्नि'—'अग्निमीडे पुरोहितम्'। 'अग्नि' का ऐसा ही महत्त्व था, शत्रुओं से त्राण पाना था। खूँखार को शान्ति और अहिंसा का उपदेश चाहिए और चुपचाप सब अत्याचार सह लेनेवाले शक्तिशाली को कुछ गरमाहट लाने वाली चीज चाहिए।

इस 'अग्नि' में अच्छी से अच्छी आहुति पड़नी चाहिए; अर्थात् श्रेष्ठ से श्रेष्ठ योद्धा सिर हथेली पर लेकर आगे बढ़ें और पशु-बलिदान करें। 'पशवः आततायिनः' —आततायी पशु होता है। जो दूसरों को खा जाने के लिए सदा तैयार रहे, दूसरों के बच्चों की हत्या कर दे, बहू-बेटियों को छीन ले जाए और धर्म-स्थान नष्ट करके

उन्हें अपमानित करे, वह 'आततायी' कहा जाता है। आततायी पशु ही तो होता है! वह ज्ञान-उपदेश से मानेगा थोड़े ही! वह तो शक्ति से मानेगा। शक्ति पैदा करो, अग्नि की उपासना करो और इस अग्नि में उन पशुओं को जला दो। तब मुक्ति मिलेगी, तब निर्द्वंद्व जीवन होगा और सुख मिलेगा। परन्तु यह यज्ञ मन्त्र-पूर्वक होना चाहिए, अन्धाधुन्ध नहीं। 'मन्त्र' माने 'मन्त्रणा'। आपस में खूब सोच-विचार करके और सुनिश्चित योजना बनाकर वह सब होगा, तब काम बनेगा।

यह सब लक्ष्य अर्थ आगे चलकर लोग भूल गए, जब (शत्रु-संकट समाप्त होने के अनन्तर) बड़े-बड़े राज-पाट बन गए और लोग मौज-बहार से रहने लगे! तब 'अग्नि' का अ यही साधारण आग और 'पशु' का भी वाच्य अर्थ लिया जाने लगा और 'मन्त्र' पढ़-पढ़कर बेचारे निरीह पशुओं को लोग काट-काट कर आग में डालने लगे! कैसा अनर्थ!

कभी-कभी शब्दार्थ करने में एक दूसरी तरह की भूल हो जाती है। आयुर्वेद के ग्रन्थों में लिखा है कि वायु दूषित हो जाए, तो घी आदि का उपयोग करना चाहिए। विशेषतः घी का ही उपयोग बताया गया है और सो भी गौ के घी का। 'गव्यं घृतं पिव निवातगृहं प्रविश्य'—वायु-विकार है, तो निवात-गृह में बैठकर गो-घृत पियो। आग में घी छोड़ो, वायु शान्त हो जाएगी। एक विशेष आग और विशेष वायु की चर्चा है, शरीर से जिनका आन्तर सम्बन्ध है। परन्तु महान विचारक स्वामी दयानन्द सरस्वती ने सामान्य अग्नि और सामान्य वायु समझकर लिख दिया कि प्रतिदिन लोग आग में घी छोड़ा करें, जिससे वायु-शुद्धि हो! फलतः आज भी सनातनी और आर्यसमाजी मिलकर इसी आग में मनों घी नित्य प्रति उँड़ेल कर नष्ट कर रहे हैं, जबकि लोगों को शारीरिक उपयोग के लिए छींट भी प्राप्त नहीं। हवन के लिए शुद्ध घी चाहिए, भोजन में डालडा ही ले लेंगे! जर्मन, जापान, अमरीका आदि में वायु-शुद्धि कैसे होती है? वहाँ सब बीमार ही रहते हैं क्या?

शब्दों का सही अर्थ न समझने से बड़ी गड़बड़ मच जाती है।

8. ब्रजभाषा का 'दारी' शब्द

ब्रज में 'दारी' शब्द बहुत प्रचलित है, औरतों को गाली देने के काम आता है। परन्तु इस शब्द का तात्त्विक अर्थ क्या है, ब्रज के लोग भी आज नहीं जानते! साहित्यिक भी 'दारी' शब्द का अर्थ नहीं जानते और कोश-ग्रन्थों में 'दासी' का रूपान्तर 'दारी' बतलाया गया है! 'दासी' से 'दारी' कैसे बना? कोई पद्धति भी है? कुछ नहीं! और 'दासी' कहकर या 'नौकरानी' कहकर कोई गाली नहीं देता। गाली में बेवकूफी, दुष्टता, दुश्चरित्रता जैसी कोई चीज आनी चाहिए।

'दारी' किसी समय ब्रज में 'वेश्या' के अर्थ में चलता था। 'दारा' एक की भार्या और 'दारी' सबकी, भाड़े की! स्वामी हरिदास ने एक पद्य में भगवान की अनन्य

भक्ति का वर्णन किया है और कहा है कि भगवान के साथ-साथ अन्य देवी-देवताओं की भक्ति करना ठीक नहीं। 'अकामः सर्वकामो वा यजेत पुरुषो हरिम्'। वैष्णवों की इस अनन्योपासना का जिक्र करते हुए उन्होंने कहा है कि अनन्य भगवद्भक्तों के बीच बहुदेवोपासक ऐसा है—'ज्यों दारन में दारी'—जैसे सद्गृहस्थ कुलवधुओं के बीच में वेश्या!

यों 'दारी' शब्द का अर्थ स्वामी हरिदास की 'बानी' से स्पष्ट है। अन्यत्र पता नहीं लग सकता। किसी समय ब्रज में 'दारी' को लोग भूल गए; पर गाली आदि में शब्द चलता रहा—चलता आ रहा है। कालान्तर में फिर जब वेश्या-वृत्ति पनपी, तब शब्दान्तर का प्रयोग उनके लिए हुआ। 'दारी' शब्द उनके लिए ही है, यह बात लोग भूल चुके थे।

इसी तरह संस्कृत 'वारस्त्री' आदि का 'वार' शब्द है। वेश्याओं के बैठने-रहने का बाजार किसी समय 'वार' कहलाता था, जहाँ सबका 'वरण' हो जाए, पैसा भर चाहिए! अंग्रेजी का 'बार' शब्द भी बहुत कुछ ऐसा ही है। पैसा चाहिए, कोई हो! परन्तु किसी समय नगरों का शुद्धिकरण हुआ और 'वार' उठ गए। परन्तु 'वारस्त्री' आदि में 'वार' शब्द चला आ रहा है; यद्यपि इसका स्वतन्त्र प्रयोग जाता रहा और लोग अर्थ भी भूल गए! बहुत जल्दी अर्थ भूल जाता है। सन् 1919-20 तक अपने देश में 'घाँघरा' पहनने की कितनी चाल थी? परन्तु साहित्य में 'घाँघरा'-'घाँघरो' शब्द आ जाने पर आज छात्रों को समझाने में दिक्कत होती है; कल समझानेवाले ही न समझ पाएँगे! कोश या टीका-ग्रन्थों में इतना लिखा रहा करेगा—'घाँघरा' एक प्रकार का वस्त्र होता था, जिसे स्त्रियाँ पहनती थीं। लोग समझेंगे कि खादी, पापलीन, मारकीन जैसा कोई नाम 'घाँघरा' है, किसी कपड़े का!

'दाम' का अर्थ समझाने में दिक्कत होती है न! 'दाम' साधारणतः धन के अर्थ में चलता है; पर 'बंक बिकारी के लगे, दाम रुपैया होत' से स्पष्ट है कि 'दाम' एक सिक्का था—सबसे छोटा—

'छदाम में छै दाम, धेला साढ़े बारह दाम,
पैसे में पचीस दाम'

यह याद कराया जाता था। सबसे छोटा सिक्का लक्षणा से सम्पत्ति के अर्थ में चलता है—'वे पैसे वाले हैं भाई!' इसी तरह 'दाम' का चलन है।

इस विषय पर स्वतन्त्र रूप से कभी विस्तार से लिखा जाएगा।

'अग्नि' आदि शब्दों का विस्तार से अर्थ समझने के लिए मेरी 'मानवधर्म-मीमांसा' देखनी चाहिए। रात को कमल संकुचित हो जाता है; यह प्रवाद है। यहाँ 'कमल' क्या है और उसमें बन्द हो जानेवाला 'भौंरा' क्या है; यह सब 'अग्नि' का अर्थ समझाते हुए 'मानवधर्म-मीमांसा' में ही उदाहरणार्थ आया है।

□□